**알아서 잘하라고 하지 않고
명확하게 일 맡기는 기술**

LEADER NO GENGOKA

by Taichi Kogure

Copyright © 2024 Taichi Kogure

Korean translation copyright ©2025 by Galmaenamu Publishing Co.

All rights reserved.

Original Japanese language edition published by Diamond, Inc.

Korean translation rights arranged with Diamond, Inc.

through The English Agency (Japan) Ltd. and Danny Hong Agency

이 책의 한국어판 저작권은 대니홍 에이전시를 통한
저작권사와의 독점 계약으로 갈매나무에 있습니다.
저작권법에 의해 한국 내에서 보호를 받는 저작물이므로
무단전재와 복제를 금합니다.

알아서 잘하라고
하지 않고
명확하게
일 맡기는 기술

고구레 다이치 지음 | 명다인 옮김

리더의 말이 달라지면 회사는 성장하기 시작한다

갈매나무

들어가며

"왜 시키는 대로 못 하지?"
vs "그래서 저는 뭘 하면 되나요?"

내 입으로 말하기 쑥스럽지만, 어렸을 때부터 소위 말해 모범생이었다. 학교 수업도 착실히 듣고 공부도 열심히 했다. 운동도 제법 잘했고, 매번 학급 위원장을 맡았으며, 초등학교와 중학교 때는 학생회장도 했다. 어린 시절에는 전형적인 리더였던 듯하다.

고등학교를 졸업한 후 게이오대학 경제학부에 진학했다. 재학하면서 경제학 고전인 《자본론》을 학생들의 눈높이에 맞춰서 풀어 쓴 책을 출간했고 전국 대학교에 큰 반향을 불러일으켰다. 대학교를 졸업하고는 세계적으로 유명한 기업에 입사했다.

여기까지 돌이켜 보면 마치 정답대로만 살아온 듯하다.

그런데 과거의 성공한 경험들이 훗날 리더가 되었을 때 걸림돌이 되었다.

많은 리더가 비슷한 일을 겪었을 것이다. **실무자일 때 성공한 경험이 리더의 자리에서는 통용되지 않는 경우가 허다하다.** 실무자로서 성과를 내는 데 필요했던 능력이나 기술이 리더의 자리에서는 걸림돌이 될 때가 있다. 조직에서 높은 자리에 오르고 제법 세월이 지난 후에야 나는 이 사실을 깨달았다.

리더들이 흔히 하는 실수인데, 나 역시 내가 해왔던 일을 팀원이 그대로 하기를 기대했다. 기대라기보다 당연하게 강요했다는 말이 더 맞을 듯하다. "내가 할 수 있으면 남들도 할 수 있어. 못하겠다면 그건 '못한 게' 아니라 '안 한 거야'"라고 진심으로 생각했다. 이런 리더를 믿고 따를 팀원이 있을 리 없다 보니 큰 좌절을 맛보기도 하였다.

일 잘하는 리더가 좋은 리더는 아니다

내가 조직에서 처음으로 리더를 맡게 된 건 IT 기업 사이버에이전트로 이직하고 반년 후인 스물여섯 살 때였다. 팀원으로 있을 때 순조롭게 성과를 낸 덕분에 회사 내에서도 이례적인 속도로 자회사의 사업 담당자로 뽑혔다. 그런데 대차게 일을 그르치고 말았다.

어렸을 때부터 리더 역할을 맡아 와서일까, 내가 리더여야 한다는 이상한 책임감이 있었다. 또 리더는 모름지기 무엇이든 척척 해결해야 하고, 남들보다 뛰어나야 한다고 믿었다. 한편으로는 내가 할 수 있는 일이면 굳이 말하지 않아도 팀원도 할 수 있다고 은연중에 생각했다. 이 시절 나는 허세와 착각으로 똘똘 뭉쳐 있었다. 지금 떠올리면 낯 뜨거워지는 기억이다.

성과도 좋았던 탓에 일이 서툰 팀원을 보면 이해되지 않았다. 왜 못하는지 이해되지 않으니 어떤 말을 해야 할지도 막막했다. 팀원이 자료를 만들어 오면 "**이렇게 하면 안 되죠. 더 설득력 있게 고치세요**", 아이디어를 제시하면 "**그런 식으로 말고요, 새로운 관점에서 생각해봐요**" 등 어지간히도 모호하게 말했더랬다. 그야말로 아주 **뜬구름 잡는 리더**였다.

. . .

당시 리더로서 무능함을 뼈저리게 느낀 나는 리더십 관련 책들을 닥치는 대로 읽고 세미나도 들으러 다녔다. 하지만 상황은 달라지지 않았다. 팀원을 동기부여하거나 더 집중해서 일할 수 있도록 희망사항을 물어보는 등 배운 것들을 실전에 적용했지만 효과는 미비했다. **팀원들에게 '희망사항'을 물을수록 오히려 긴장감이 사라지고 분위기는**

미적지근해지는 듯했다.

동기부여는 중요하기에 팀원들에게 하고 싶은 업무를 물어보거나, 일하면서 힘든 점을 없애는 데 애썼다. 하지만 그때를 떠올려 보면 팀을 통솔한답시고 한 일은 그저 '냉혹한 현실에서 눈을 돌리고 훈훈한 분위기의 모임 만들기'에 불과했다.

왜 실패했는지 지금은 이유를 잘 안다. **팀원이 해야 할 일을 제대로 전달하지 못했기 때문이다. 나부터가 '팀원이 해야 할 일'을 이해하지 못했다.** 모든 것이 나의 책임이었다.

"알아서 잘 처리하세요"?

이후 또 다른 기업 프로젝트에 참여하게 되었을 때, 이번에는 '모호한 말만 하는 리더'와 일하게 되었다. **"알아서 잘 처리하세요"**가 말버릇인 그는 무엇을 어떻게 해야 하는지 일절 말하지 않았다. **나로서는 '지금 이것은 잘못됐다'라는 생각만 있을 뿐 무엇을 어떻게 고쳐야 하는지 몰랐다.** 머리를 쥐어짜내서 겨우 '알아서' 하긴 했지만, 상사의 '알아서'와 엇갈리는 지점이 많아서 어느샌가 나는 신중하지 않은 팀원이 되어 있었다.

또 다른 리더는 오로지 명사로만 말했다.

나 : 다음 기획은 방향성을 어떻게 잡을까요?
리더 : 어, 새로운 생활이요.
나 : 타깃의 범위는 어떻게 정할까요?
리더 : 주부
나 : …….

이런 대화가 일상다반사였다. 새로운 생활이라는 콘셉트로 주부를 겨냥한 기획을 구상하자는 단계까지는 언어로 표현되었다. 그러나 새로운 생활 중 무엇을 중점으로 기획할지, 언제 주부에게 필요한 제품인지 알 수가 없다.

당시에는 아무 내용도 전달하지 않는 리더에게 불만을 품었지만, 돌이켜 보면 나도 '모호한 말만 하는 리더'였다. 리더로서 모호하게 전달하던 내가 팀원의 위치에서 모호한 말만 듣는 상황에 불만이 생기면서 크게 깨달은 점이 있다.

많은 리더가 팀원에게 해야 하는 일과 신중하게 생각해야 하는 일을 전달한다. 하지만 팀원에게는 이 지시가 매우 모호하게 들린다. 리더는 '전달했다고 생각하지만' 실제로는 그렇지 않다.

과거의 상식이 통하지 않는 시대

최근 기업에서 리더에게 요구하는 자질이 변했다. 이전에는 목표 달성 능력을 강조했다면, 이제는 조직문화 개선 또는 팀을 통솔하는 능력을 중요시하는 추세다. 과거에는 팀이 한마음 한뜻으로 뭉쳐 목표를 향해 나아갔고, 이 과정에서 리더는 팀원을 엄격하게 대하면서도 격려하는 이미지가 강했다. 하지만 지금은 다르다.

물론 기업 관점에서 목표를 달성하는 중요성은 똑같다. 오히려 기업 활동의 궁극적인 목표가 고객의 가치 실현, 이익 창출, 기업의 영속성이라면, 목표 달성이 가장 중요할 것이다. 그러나 지금 시대는 '목표 달성'이 핵심 목표가 될 수 없을 만큼 팀을 하나로 모으기가 어려워졌다.

과거의 상식은 통용되지 않고, 세대 간 차이는 크고, 상식의 기준도 달라졌다. 여러 원인이 제시되었지만, 결국 문제의 뿌리는 서로의 생각을 명확하게 이해하지 못한다는 데 있다.

- 상대방이 무엇을 원하는지, 서로가 명확하게 이해하지 못한다.
- 자신이 무엇을 해야 하는지, 자기 자신도 명확하게 이해하지 못한다.

나와 상식이 다른 팀원과 함께 일하기가 불가능하다면, 다국적 기업은 이미 다 사라지고 없을 것이다. 세대 간 상식 차이는 고대 그리스 벽화에서도 볼 수 있듯이 어제오늘만의 일이 아니다. **본질은 '시대성'이 아니다. 서로를 명확하게 이해하는 태도가 중요하다.** 서로를 제대로 이해한다면 조직의 과제 대부분은 안정적으로 해결될 것이다.

리더의 말은
직원의 행동을 바꾼다

지금까지는 리더의 말이 명확하지 않아도 "몸으로 기억하세요. 일이란 그런 것입니다"라면서 얼렁뚱땅 넘어갔다. 소비자 니즈도 비교적 단순해서 제품 성능만 뛰어나면 많이 팔리던 시대도 있었다.

하지만 상황이 크게 달라졌다.

사람들은 "정답이 없는 시대"가 되었다고 한다. 하지만 나는 **무수한 정답이 존재하는 시대**라고 생각한다. **과거의 정답도 '정답'이고, 젊은 팀원이 생각하는 정답도 모두 '정답'이다.** 정답이 없다면 가장 먼저 떠오른 정답을 임시 정답으로 생각해도 된다. **숱한 정답 속에서 서로의 '정답'이 부딪치는 것이 현실 아닌가?**

따라서 어떤 방향으로 나아가야 할지, 매일 무엇을 해야 할지,

상대에게 무엇을 지시해야 할지 불명확할 수밖에 없다. 이런 이유로 자신의 '정답'을 제대로 설명하지도, 전달하지도 못한다.

바로 여기에 커다란 문제점이 있다.

리더가 자신의 머릿속을 명확하게 전달할 수 있고, 팀원과 공통 원칙을 공유하여 동일한 기준에서 논의할 수 있으면, 팀은 자신들이 옳다고 생각하는 정답을 향해 결속력 있게 나아간다.

개개인도 자신이 생각하는 정답을 명확하게 인지하고 분명하게 전달하면 정신적 스트레스가 크게 줄어든다. 지금 하는 일이 맞지 않다고 느끼면서도 그곳에서 일하는 이유는 이 일 말고 무엇을 해야 할지, 또 무엇을 할 수 있을지 보이지 않기 때문이다.

・・・

물질적으로 매우 풍족한 사회에서 사람들이 행복을 느끼지 못하는 이유는 서로의 정답이 부딪쳐서가 아닐까? "말로 잘 표현되지 않는데 너의 생각은 어딘가 잘못됐어"라는 말에 스트레스가 쌓이는 것 같다.

모든 직장인이 자신이 하는 일의 가치(제공 가치)와 자신이 존재하는 비즈니스적 가치(매개 가치)를 언어로 분명하게 인식할 수 있는 사회가 되기를 바란다. 내가 누차 말해왔던 일에 대한 세계관이기도 하다.

나는 우리 머릿속을 언어화함으로써 이 세계관이 실현되리라 믿는다. **특히 조직의 핵심 주축인 리더의 말이 달라지면 조직도 기업도 크게 변화할 것이다.**

언어화는 모든 업종, 비즈니스, 대화에 없어서는 안 될 요소다. 이 책을 읽고 한 명이라도 더 많은 리더가 비즈니스와 정신적인 면에서 도움을 받는다면 진심으로 기쁠 것이다.

2024년 가을
고구레 다이치

차례

들어가며
"왜 시키는 대로 못 하지?" vs "그래서 저는 뭘 하면 되나요?" • 005

1장 시켜서는 바뀌지 않는다
: '리더십'의 언어화

방향성으로 얘기하지 마라 • 023
'목표'와 '현 상황'의 차이를 규정하는 법 • 028
같은 시간 대비 더 높은 성과의 비결 • 031
어깨너머 배우라는 말은 잊어라 • 037

2장 알아서 잘하는 직원은 없다
: '관리'의 언어화

비즈니스 성장의 핵심은 비전, 행동, 소통이다 • 045
실행의 정확도를 높이는 방법 • 048
영업 초보가 월 1억 매출을 만들 수 있던 이유 • 053
"누가 말하는가?"보다 "무엇을 말하는가?" • 056
심리적 안전감이 팀의 효율을 높인다는 망상 • 060

'오늘 할 일'이 성과로 이어지도록 • 063
모호한 대책으로는 아무것도 해결되지 않는다 • 068
무엇을 하면 되는지 고민하는 시간을 줄인다 • 073

3장 두루뭉술한 비전을 행동으로 제시하는 틀
: '목표'의 언어화

"프로젝트를 성공시킨다"에 숨은 모호함 • 079
말뿐인 비전을 정의하는 두 가지 단계 • 082
"사장님이 무슨 말을 하시는지 모르겠어요." • 089
'중간 단계'를 촘촘히 설계할 것 • 094
사고의 '틀'이 있으면 말에 자신감이 생긴다 • 098
"그게 의미가 있나요?"에 답하기 • 105
다른 것을 넘어 필요한 것으로 • 110

4장 방임과 마이크로매니징 사이에서 고민이라면
: '지시'의 언어화

자의적 해석이 생기는 이유 • 117
왜 스스로 생각하고 움직이지 못할까? • 120

열심히 일했는데 왜 한 건 없을까? • 123
어디까지 업무를 지시해야 하는지 고민이라면 • 127
'그러려면 뭘 하면 되지?'를 세 번 반복하라 • 135
어떻게 말해야 '정확한' 피드백일까? • 140
정말 필요해서 하는 일인지 판단하는 기준 • 145
잘못된 궤도를 수정하는 세 가지 방법 • 149
어느 정도 완성도를 원하는지 분명히 전달한다 • 154

5장 팀원의 마음속 생각을 밖으로 끌어내는 기술
: '질문'의 언어화

막연한 느낌을 비즈니스적으로 정리하는 질문 • 163
아무 말도 안 하는 팀원, 자기 의견을 고집하는 팀원 • 166
어떤 답을 듣고 싶은지 미리 생각한다 • 170
예시를 적절하게 활용하면 좋다 • 173
말과 침묵 뒤에 숨은 것들 • 177
말하기 어려운 것을 말하게 하는 리더의 질문 • 182
다양성을 포용한다는 말의 진실 • 188
불안한 '느낌'을 없애는 방법 • 196

'알고 있다'는 착각을 좁힌다
: '전달'의 언어화

'이해하기 쉽다'는 건 무슨 뜻일까? • 203
'감정'을 건드리면 수긍한다 • 207
결론이 아니라 '숫자'부터 전달한다 • 211
설명 못 하는 팀원도 일목요연하게 보고하는 기술 • 215
'좋은 의도'에서 나온 해석의 차이를 좁혀라 • 218
무의식적인 선택을 바로잡는다 • 222

나가며
시대가 바뀌면 리더의 역할도 달라야 한다 • 229

1장

시켜서는 바뀌지 않는다

: '리더십'의 언어화

1장 핵심

언어화 =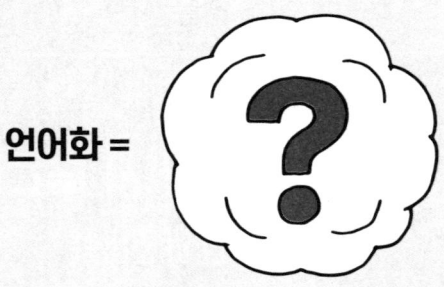

리더가 언어화하는 목적

언어화하지 않아서 생기는 문제

방향성으로
얘기하지 마라

이 책은 리더가 배워야 할 언어화 기술을 설명한다. 2023년 6월 《굉장한 언어화 すごい言語化》를 출간한 후 '언어화가 중요하다' '언어화가 어렵다'라는 반응을 자주 접했다. '언어화'라는 용어를 향한 관심도가 올라가서 뿌듯한 한편, 대중이 언어화라는 용어를 언어화하지 않고 있다는 사실을 동시에 깨달았다.

 '언어화'란 과연 무엇일까?

 언어화가 서툴다, 언어화 기술을 알고 싶다, 혹은 언어화해서 전달하고 싶다고 생각하는 사람이 많다. 비즈니스 현장에서도 언어화의 중요성을 강조하는 목소리가 나왔다. 그런데 "그래서 언어화가 뭔데?"라고 되물으면 선뜻 대답하지 못한다. 보통 무언가에 이름을 붙이거나, 남들이 미처 알아차리지 못한 것을 자신만의 시선으로 지적하는 일을 '언어화'라고 일컫기도 한다. 모두 언어로 표현한 것은 맞지만, 언어로 표현만 했을 뿐 사실 언어화는 아니다.

언어화란 **명확화**다.

단순히 언어로 표현했다고 해서 '언어화했다'라고 말할 수 없다. 즉 언어화가 되었는가는 그 말이 얼마나 명확한지에 달렸다.

따라서 표현을 잘했다고 언어화가 아니며, 물건을 팔 목적으로 말을 만들어내는 행위도 언어화가 아니다. 반대로 **자신의 머릿속을 명확하게 표현할 수 있다면 그것이 설령 언어가 아니라 그림이나 숫자여도 '언어화가 되었다'라고 할 수 있다.**

앞서 언급한 책 《굉장한 언어화》가 출간되고 나서 언어화를 주제로 한 책도 많아졌다. 지금 상당한 관심이 쏠린 주제다. 반대로 말하면 지금껏 조명받지 않은 분야이기도 하다. 일본어는 문화적 배경

언어화 = 명확화

의 영향으로 말 속에 모호함이 섞여 있다. 오히려 이 모호함을 선호하는 면도 있어서 지나친 명확화는 '까다롭다(엄격하다)' '무섭다' 같은 부정적 인상을 주기도 한다.

분명 모호함에도 장점이 있다. 하지만 모호하기만 한 표현은 장점보다 단점이 더 크다. 따라서 모호하게도, 명확하게도 전달하는 편이 좋다.

팀원이 '진짜' 일을 시작한다

언어화는 곧 명확화다. 특히 비즈니스 소통은 명확화가 중요하다. "나머지는 알아서 생각하세요"라는 모호한 표현은 아무것도 전달하지 않는다.

우리의 대화 습관은 상당히 '모호'하다. 주어와 서술어가 없는 문장부터 본인은 지시했다고 하지만 그 뜻은 막연한 "알아서 잘 처리하세요"까지.

비단 대화뿐만이 아니다. 인간의 사고 자체도 상당히 모호하다. '회사를 성장시키고 싶다' '수평적인 기업문화를 꿈꾼다' '일에서 자아를 실현하고 싶다' 등, 자주 듣는 말을 곰곰이 생각해보면 정확히 무슨 뜻인지 모르겠다. 방향성은 어렴풋이 알겠는데 구체적으로는 알 도리가 없다.

리더가 언어화하는 궁극적인 목적은 **자신의 머릿속 사고를 명확히 하고 팀원에게 업무를 정확하게 요청하고 지시하기** 위함이다.

다시 말하자면, 명확하게 전달하는 목적은 **팀원에게 정확한 행동을 끌어내는 데 있다.**

본래 비즈니스에서 모든 것을 명확히 하는 목적은 서로의 생각을 정확히 하여 각자가 해야 할 일을 분명하게 알기 위해서다. 설령 언어가 명확하더라도 무얼 해야 하는지 모르면 소용없다. 언어는 명확해도 '그래서 나는 뭘 해야 하지……' 하며 헤매기 일쑤다.

리더의 주된 역할은 관리다. '관리'라는 표현이 무엇을 가리키는지 감이 안 잡힐 수도 있다. 여기서 관리란 조직의 목표 달성을 위해

리더가 언어화하는 목적

리더가 자신의 사고를 명확히 한다.

팀원에게 업무를 명확하게 요청하거나 지시한다.

팀원을 움직인다는 뜻이다.

말솜씨가 좋거나, 태도가 부드럽거나, 상대가 오래 기억할 만큼 말하는 능력이 뛰어나다면 멋져 보일 수 있다. 하지만 리더에게 요구되는 언어화는 이런 류가 아니다. 세련된 말투를 구사하는 것이 목적도 아니며, 상대의 머릿속에 각인될 수만 있다면 어떤 말이든 다 해도 되는 것도 아니다.

리더에게 필요한 언어화란 단순히 사람의 마음을 사로잡는 언어화가 아니다. **팀원이 적절히 일하도록 만드는** 언어화다.

'목표'와 '현 상황'의 차이를 규정하는 법

―

"'해결해야 할 경영 과제'는 목표(이상)와 현 상황의 차이다"라는 말이 있다. 나도 동의하는 바다. '과제란 이상과 현 상황의 차이'라는 사실을 인지하고 이 차이를 좁혀나갈수록 목표한 이상향에 점점 가까워질 수 있다.

다만, 이건 어디까지나 언어에 국한된 이야기다. 이상과 현 상황의 차이로 과제를 정의하고 해결하려면 애당초 이상향이 명확해야 하며 나아가 현 상황도 명확해야 한다. 이 두 가지가 명확하지 않은 상태에서 '이상과 현 상황의 차이를 알아야 한다'고 주장한다면 의미가 없다.

수치화되지 않는 목표

목표와 현 상황이 숫자로 정량적定量的 표현이 가능하다면 차이를 알기 쉽다. 예를 들면 '목표 매출액 10억 원에 현재 매출액 9억 원, 차이는 1억 원'이라고 표현하면 차이를 바로 파악할 수 있다.

반면 정성적定性的 목표인 경우 현 상황과 목표와의 차이를 주관적 언어로 표현하는 데 그치기도 한다. '브랜딩을 강화한다' '일하는 보람이 있는 조직으로 만든다' '심리적 안정감을 얻는다' 등이 그 예다.

이 경우 목표가 확실해 보이지만 실은 그렇지 않다. 분명 언어로 표현했지만, 사람에 따라 오해 여지가 발생할 수 있는 모호한 말이다. '브랜딩 강화가 무슨 뜻이지?' '일하는 보람이 있는 회사로 만들고 싶다니 어떻게 하면 되는 거야?' 같은 의문이 생긴다.

마찬가지로 '현 상황'도 사람에 따라 다르게 받아들인다. 현 상황을 좋은 상태로 바라보는 사람이 있는가 하면 누군가는 가망이 없다고 느끼기도 한다. 애당초 어느 시점을 기준으로 현 상황을 평가해야 하는지도 분명하지 않다. 이상적으로 생각하는 모습도 모호하고, 현 상황을 인식하는 방식도 제각각이다. 이런 상태에서는 차이를 정확하게 파악할 수 있을 리 없다.

정성적 상태를 지표로 바꿔서 파악할 수도 있다. '브랜딩'을 '온

라인 설문조사 결과 20~40대 인지도가 50퍼센트 이상'으로 바꾸고, '일하는 보람'을 '직원 만족도 5단계 평가'로 수치화하는 것처럼 말이다.

다만 **수치화하려면 언어화가 뒷받침되어야 한다.** 즉 브랜딩이란 무엇인가? 일하는 보람이란 무엇인가? 무엇이 충족되어야 심리적 안정감을 얻는가? 이 질문에 답을 찾아야 한다.

더군다나 매출액 같은 정량적 요소에는 정성적 요소(영업 기술, 상품 경쟁력, 정보 수집 능력 등)도 포함된다. 그래서 매출액을 1억 늘리자는 단순한 결심에도 '영업 능력을 높여야겠어! 그런데 영업 능력이 정확히 뭘까? 어떻게 하면 이 능력을 키울 수 있을까?'라며 또 헤매고 만다. 이대로면 해결방안이 단시간 내에 나오지 않는다.

많은 경우 해결해야 할 과제가 '이상과 현 상황의 차이'인 것은 알아도 이상적인 상태와 현 상황이 무엇인지 명확하게 파악하지 못한다. 이런 상태라면 '해결해야 할 과제'가 무엇인지 모른다기보다 알고 있다고 생각했는데 착각했을 가능성이 크다.

같은 시간 대비
더 높은 성과의 비결

내 언어화 기법을 기업 연수에 도입하는 곳이 많아졌다. 기업의 과제는 제각기 다르지만, 대체로 '모호한 사고와 지시'로 문제가 발생한다. 명확하게 언어화하면 이 문제를 하나씩 해결할 수 있다. 예시로 다음 사례를 보자.

사례 1) 대기업 식품회사에서 리더의 생각을 언어화
Before 뉘앙스로만 지시했다.
팀원이 만든 프레젠테이션 자료를 보고 "조금 어색하네요" "좀 더 고객의 공감을 끌어내게 수정하세요" 등 뉘앙스로만 지시했다.
After '어디가 어색하고 어떻게 수정해야 할지' 명확한 언어로 전달한다.

자료에서 어떤 메시지를 전달해야 하는지 확실하게 인지하고, 팀원의 아웃풋에서 부족한 점과 수정해야 할 점을 적확하게 지시한다.

사례 2) 의료법인에서 업무 지시(행동)를 언어화
Before 여러 번 말했지만 전달되지 않았다.
그동안 지시가 명확했다고 생각했다. 그런데 팀원 개개인의 '상식'에 따라 실제 행동이 달라지는 것을 보니, 지시사항이 제대로 전달되지 않았다.
After 지시가 명확해지고 팀원이 정확하게 행동한다.
지시 내용을 명확하게 언어화하여 각 팀원이 할 일을 정확하게 실행한다. 오해가 발생하지 않고 지시사항을 재차 확인할 필요가 없어져서 관리가 한결 편해졌다.

사례 3) 기계제조사에서 가치와 차별화를 언어화
Before 매번 경쟁사와 가격 경쟁이 붙었다.
자신한 기술이 고객들의 마음을 사로잡지 못해 늘 경쟁사와 가격 경쟁에 휘말렸다. 분명 부가가치가 있는데 가격을 인상하지 못하니 선행투자도 하지 못했다.
After 상품 가치를 언어화해서 50퍼센트 가격 인상에 성공한다.
가치가 명확하게 언어화된 이후로는 가격 경쟁에 휘말리지 않고

정당한 가격에 판매한다. 키엔스 キーエンス (일본의 산업용 장비 제조회사 - 옮긴이) 같은 고부가가치 제품을 생산하고 있다.

언어화는 명확화다. 비즈니스 관점에서 언어가 명확해지면 이득이 커지고, 모호해지면 손해가 막심해진다. 리더의 머릿속이나 노하우를 언어화하면 빠른 시간에 인재를 키울 수 있다. 지시사항이 명확하게 언어화되면 양쪽 모두 스트레스받지 않고 업무를 진행할 수 있다. 자사의 제품 가격이나 차별화를 언어화하면 고객에게 외면받았던 상품도 높은 평가를 받을 수 있다.
언어화하면 놀라울 정도로 팀이 정확하게 움직이기 시작한다.

열심히 해도
생산성이 높지 않은 이유

해외 출장을 가거나 외국인과 비즈니스 이야기를 하다 보면 '일본인은 야무지다'라는 느낌을 강하게 받는다. 예전에 비해 일본 기업의 지위는 상대적으로 낮아졌다. 일본 제품도 옛날만큼 좋은 평가를 받지 못한다. 일본인을 두고 '사고하는 힘이 없다' '발상력이 없다'라고 비꼬는 목소리도 있다.

분명 그런 면이 있을지도 모른다. 그럼에도 일본인 직장인의 '확실하게 해내는 능력'은 상당히 뛰어나며 다른 외국과 비교해도 내세울 만한 강점이다.

대체로 일본인은 성실하며 (좋은지 나쁜지는 별개로) 일하는 시간이 길다. 시킨 일은 확실하게 해낸다. 그럼에도 생산성이 높지 않다. 일본 제품이 해외에서 높은 평가를 받던 시절도 오래전 이야기다. 왜일까?

이유는 '불명확'에 있다. 특히 비즈니스에선 언어화되지 않아 명확하지 않은 부분이 많다. 어떤 목표를 가져야 할지, 무엇을 해야 성과가 나올지, 오늘은 목표를 위해 어떤 행동을 해야 할지, 모든 것이 명확하지 않은 상태다. 그래서 성과로 이어지지 않는다.

한편 성과가 나지 않을 때의 대응책으로 주로 '원온원1on1을 실시해서 사후관리를 한다' '조직 내 심리적 안전감을 높인다' 등이 제시된다. 물론 이 방식을 부정하지는 않지만, 이 방법으로 높은 효과를 바란다면 먼저 사고나 소통이 명확해져야 하지 않을까?

"요즘 어때요?"

"마음처럼 되지 않네요."

"그럴 때는 기분 전환해야죠!"

일대일 면담으로 팀원의 힘든 점을 물어본들 대화가 이런 식이라면 무용지물이다.

단도직입적으로 말해야 좋지 않을까 하는 생각도 오해다. 쓸데없이 긴 대화도 피해야 하지만 짧다고 내용이 전부 전달되는 것도 아니다. 집에서 '목욕·밥·잔다' 세 단어만으로 가족들과 소통할 수 없는 것과 같은 맥락이다.

일본인은 지시한 일을 확실하고 정확하게 해낸다. 문제는 '지시한 일' 자체가 불명확해서 무엇을 해야 할지 모르는 상태에서 업무를 진행한다는 데 있다. 또 목표 자체도 명확하지 않아서 무엇을 해야 좋은 평가를 받을지 모르면서도 회의하고 검토한다.

말로 전달한다고 내용이 명확해지는 것은 아니다. 언어화되지 않은 대화는 허다하다. 다만 명확하지 않으면 자신이 해야 할 일이 보이지 않는다. 그러나 대다수의 직장인이 웬만해서는 질문하지 않는다. 해야 할 일이 명확하게 이해되지 않는데도 '스스로 생각해서 찾아야 한다'는 생각이 강하기 때문이다.

자기 딴에는 열심히 고민하지만 올바른 정답이 나올지는 미지수다. 결과적으로 머리로는 열심히 해야 한다고 생각해도 무엇을 해야 할지 불투명한 채로 하루하루 일한다.

일본인은 정성스럽고 꼼꼼하게 일한다. 정확도도 높다. 노력도 한다. 남은 것은 '언어화'뿐이다. **언어화로 사고와 해야 할 일이 명확해지면, 사람도 능력도 예전 그대로인데 같은 시간을 들여도 엄청난 성과가 나온다.**

어깨너머 배우라는 말은 잊어라

돌이켜 보면 조직이 해결해야 할 과제 대부분은 언어화되지 않아 발생했다는 사실을 새삼 깨닫는다.

장시간 노동 | 장시간 노동은 해야 할 일을 언어화하지 않은 탓에 불필요한 업무가 늘어나서 생긴다. 한 사람 한 사람이 최선을 다한다는 것은 분명하다. 다만 오늘 그 업무가 어떤 성과를 얼마만큼 달성했는지 제대로 대답하지 못하는 것이 문제다. 나도 그랬다. 우리가 건성으로 일해서가 아니라 해야 할 일이 보이지 않아서 그렇다.

해결해야 할 과제가 사라진 후에도 정기회의, 잡담만 오가는 일대일 면담, 누구를 위해 작성하는지 모를 회의록 등 수많은 불필요한 작업이 발생한다. 일을 하는 당사자조차 어렴풋이 이 업무가 불필요하다는 느낌을 받는다. 그렇지만 자신 있게 "이 정기회의는 하나 마나니까 하지 맙시다!"라고 말하지 못한다. 정기회의에서 무엇을 도출해야 하는지 명확하게 파악하지 못했기 때문이다.

괴롭힘 | 언어화가 제대로 이루어지지 않으면 직장 내 괴롭힘 발생 빈도도 더 높아진다. 권력을 이용한 괴롭힘과 정신적 괴롭힘은 팀원에게 할 일을 제대로 전달하지 않을 때 그 빈도가 높아진다.

영업 목표 달성에 실패한 팀원이 있다고 해보자. 이 팀원에게 "잔말 말고 그냥 하세요! 수주받을 때까지 돌아올 생각 말아요!"라고 부당한 지시를 내리는 리더도 있다. 말투도 문제지만 더 본질적인 문

괴롭힘

장시간 노동

언어화하지 않아서 생기는 문제

제는 따로 있다. 팀원이 무엇을 해야 하는지 전달하지 않았다. "잔말 말고 그냥 하세요!"라고 해도 무엇을 '하라는' 건지 도무지 알 수 없다. '수주받을 때까지 돌아올 생각 마세요!'는 이미 지시도 뭣도 아니다. 성선설 관점에서 보면 리더도 그렇게까지 말할 생각은 없었을 것이다. 다만 본인도 무엇을 전달해야 할지 불명확해서 나온 말이다.

소통은 언어 말고도 '비언어'로 이루어지기도 한다. 비언어로 전달되는 메시지도 많다. 하지만 이는 '전달한다'보다 '헤아려주길 바란다'에 가깝다. 아니면 '(본래는 숨기고 싶던 의도가) 전해진다'가 아닐까?

특히 리더가 팀원과 업무 대화를 할 때는 비언어에 기대서는 안 된다. 이는 소통이 아니라 '대충 무슨 말인지 알겠지'라고 은연중에 상대에게 강요할 뿐이다.

변화를 바란다면
말을 바꿔라

당신은 어떤 리더와 일하고 싶은가? 누구와 더 편하게 일할 수 있을 것 같은가?

헤아리기를 선善으로 여기는 풍조는 나름대로 멋진 문화이며 상대를 향한 배려가 돋보일 수 있다. 하지만 헤아리기 문화는 내가 상대를 헤아리려는 마음이 있어야만 아름답다. 상대에게 내 생각을 읽으라고 강요해서는 안 된다.

비즈니스 현장에서도 "선배의 등 너머로 배워라" "기술을 훔쳐라" 같이 말로 알려주지 않는 풍조를 당연하게 여기는 듯한 표현도 있다. 이래서는 상대가 이해하지 못하는 것도 무리가 아니다.

일전에 새로운 비즈니스 구조를 도입한 초밥 식당이 텔레비전에 소개된 적이 있다. 이 식당에서는 최고급 재료를 쓰는데 젊은 요리사가 연습용으로 초밥을 만들기에 저가로 판매한다는 콘셉트를 선보였다. 재료는 고급 초밥 식당에 버금가지만 요리사가 '제 몫의 반만 해낸다'는 점에서 저렴하다는 취지였다.

콘셉트도 이해되고 소비자에게도 좋은 소식이다. 하지만 상당한 위화감이 들었다. 이 젊은 요리사는 본점에서 이미 몇 년을 수행한지라 제 몫을 어엿하게 해내는 듯 보였다. 나중에 직접 먹으러 갔는데, 능수능란하게 초밥을 만드는 솜씨는 문외한의 눈에도 이미 완벽해 보였다.

방송에서 그의 스승은 "제 몫을 다 하려면 10년 걸린다"라고 했는데 정말로 10년이나 걸리는지 의아하다. 정말로 10년이나 걸린다면 10년 동안의 수행 과정을 보여줄 수 있어야 하는데 가능한 일일까? 내게는 '대략 10년이다'라는 뜻으로밖에 해석되지 않았다. "너희

들은 한참 멀었어"라며 기를 누르는 말로도 들렸다.

사람은 쉽게 성장하지 않는다. 시간이 걸린다. 할 일이 명확히 하지 않은 상태에서 시간을 쏟아도 된다는 뜻이 아니다. "내 등 너머로 배워라"라고 말할 게 아니라 명확한 언어로 지시해야 한다.

리더가 언어화하여 사고와 행동이 명확해지면 조직은 얼마나 변화할까? 명확하지 않기에 과제가 해결되지 않는다는 말은, 즉 명확하게 언어화할 수 있으면 수많은 과제가 해결된다는 의미이다.

'리더십'의 언어화

언어화 = 명확화

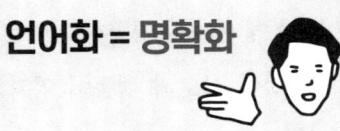

리더가 언어화하는 목적

리더가 자신의 사고를
명확히 한다.

팀원에게 업무를 명확하게
요청하거나 지시한다.

언어화하지 않아서 생기는 문제

괴롭힘

장시간 노동

2장

알아서 잘하는 직원은 없다
: '관리'의 언어화

2장 핵심

비즈니스에 필요한 언어화

사람을 움직이는 두 가지 리더십

비즈니스 성장의 핵심은
비전, 행동, 소통이다

비즈니스에서는 모든 것을 명확하게 언어화해야 한다. 머릿속 생각을 언어화하고 지시가 명확하게 언어화되면 조직은 놀라울 정도로 활성화된다. 비즈니스에서 언어화가 필요한 요소는 크게 세 가지다. 바로 **비전, 행동, 소통**이다.

우선 **비전**의 언어화가 중요하다. 신규 사업을 시작할 때 비전이 불명확하고 언어화되어 있지 않으면 회사가 나아가야 할 방향성이 흔들린다. 그 결과 '성공할 것 같은 느낌이 드는 사업'에 무작정 뛰어들어서 일관성도 없이 이도 저도 아닌 꼴이 돼버린다.

두 번째 요소는 **행동**의 언어화다. 목표가 명확하더라도 목표를 어떻게 달성할 수 있는지 행동이 명확하지 않으면 여러 시행착오를 겪는다. 정글에서 "힘내서 저 목표 지점까지 가보자!"라고 다독여도 목표에 도달하는 방법을 모른다면 좋은 결과를 기대하기 어렵다. 운 좋게 도착하더라도 빙빙 에둘러 갔을 가능성이 크다. 따라서 행동, 즉 무엇을 해야 하는지를 언어화할 필요가 있다.

세 번째는 **소통**의 언어화다. 일상의 대화에서 서로의 생각을 명확하게 말로 표현해야 한다는 뜻이다. 일은 혼자서 할 수 없다. 팀원들끼리 인식을 공유하거나 생각을 조율해야 한다. 해야 하는 행동이 이미 언어화되었더라도 행동을 실행하는 과정에서도 많은 것들을 명확히 해야 한다.

조직의 효율성을
더 높이고 싶다면?

세 요소가 언어화되면 목표와 해야 할 행동이 명확해지기에 서로의 인식이나 의견을 조율하면서 업무를 진행할 수 있다.

모든 팀원에게 세 요소를 언어화하는 능력이 있다면 더할 나위 없겠지만, 조직의 역할이나 직무의 일환으로 언어화를 담당하는 사람을 정해두면 조직은 더 효율적으로 운영된다.

그렇다면 누가 무엇을 담당하면 좋을까? 결론부터 말하면 다음과 같다.

- **경영자**는 **비전**을 언어화한다.
- **리더**는 팀원의 **행동**을 언어화한다.
- **팀원**은 일상의 **소통**을 언어화한다.

경영자가 비전의 언어화를 담당한다는 데에는 이견이 없을 것이다. 실무를 담당하는 팀원은 명확하게 소통하면서 업무를 진행해야 해야 한다는 말에도 동의가 간다.

문제는 리더다. 리더는 팀원의 행동을 언어화해야 한다. 이에 관해서는 조금 더 설명이 필요하므로 이어서 살펴보겠다.

실행의 정확도를 높이는 방법

팀원이 어떻게 일을 해야 하는지 행동을 언어화하는 것은 '리더의 책임'이다. 내가 리더였을 때의 경험을 돌이켜 보아도, 컨설팅했던 기업의 사례를 보아도 **'행동의 언어화'를 하는 리더가 있는 조직은 매우 효율적으로 움직인다.**

실제로 실무를 수행하는 사람은 팀원이다. 리더의 역할은 실무의 영역에 있지 않다. 리더는 실무를 하는 팀원이 성과를 낼 수 있도록 업무를 조정하고 관리한다. 실제로 행동하는 주체는 팀원이기에 '무엇을 하면 성과가 나오는지 팀원 스스로 생각해야 한다'고 여기는 경우가 많다. 하지만 잘못된 생각이다. 팀원의 행동을 결정하고 지시하는 일은 엄연히 리더의 몫이다.

실무에서는 '행동'을 지시한다

예를 들면 스포츠 경기에서 보통 선수들에게 사인을 보내는 일은 감독의 역할이다. 선수들은 감독의 작전과 지시에 따라 경기를 운영한다. 이것이 팀이다. 야구에 비유하면, 감독은 타석에 있는 타자에게 '희생 번트' 사인을 보낸다. 타자가 스스로 판단해서 번트할 때도 있지만 대부분은 감독의 지시에 따른다. 즉 실무를 수행하는 선수가 무엇을 해야 할지 고민하고 지시를 내리는 역할은 감독에게 있다.

만약 스포츠 경기에서 감독이 지시를 내리지 않으면 어떻게 될까? 선수들이 시합에서 이기기 위해 무엇을 할지 스스로 고민해야 한다면? 벤치에 느긋하게 앉아 "스스로 생각해서 경기를 운영해봐"라고 말하는 감독이 있다면 바로 해고될 것이다. 지시가 없다면 선수들은 어떤 행동을 할지 직접 생각하고 움직일 테지만 일관성이 없는 엉망진창 작전이 되고 말 것이다. 회사도 똑같다. 스포츠의 논리를 회사 조직에 대입해보면 다음과 같다.

- **팀원의 행동을 고민하는 사람** : 리더
- **팀원의 행동을 지시하는 사람** : 리더
- **실제로 행동하는 사람** : 팀원
- **실제 행동의 완성도를 높일 방법을 고민하는 사람** : 팀원

하지만 오늘날 조직에서는 감독 역할을 하는 관리자가 작전을 구상하는 일이 드물며, 또 팀원에게 '경기'를 어떻게 운영해야 하는지 지시하는 경우는 더 드물다.

해야 할 일을 지시하지 않으니 각자 머리를 굴려서 아이디어를 낼 수는 있다. 하지만 매번 괜찮은 행동 계획을 생각해낸다는 보장이 없고, 자신은 좋다고 판단해서 한 일이지만 (멋대로 행동함으로써) 문제가 발생하기도 한다.

팀원 : 무엇을 하면 될까요?
리더 : 그런 건 알아서 생각하세요.

직장 내에서 자주 볼 수 있는 대화 패턴이다. 신입사원은 그렇다 치더라도, 일반적인 팀원의 경우 해야 하는 일을 리더에게 물으면 화를 낼 것만 같다. 다시 말하지만, 사인은 감독이 보내야 한다. 팀원의 역할은 지시받은 행동을 완벽하게 수행하고 완성도를 높일 방법을 고민하는 것이다.

감독이 번트 사인을 보내면 번트한다(해야만 한다). 번트를 성공시킬 수비 진영을 고려하고 신중히 생각해서 적절한 방향으로 번트해서 공을 굴린다. 팀원이 스스로 생각하는 영역은 어디까지나 주어진 범위에서 번트의 정확도를 높이는 방법이다.

비즈니스에서 필요한 언어화

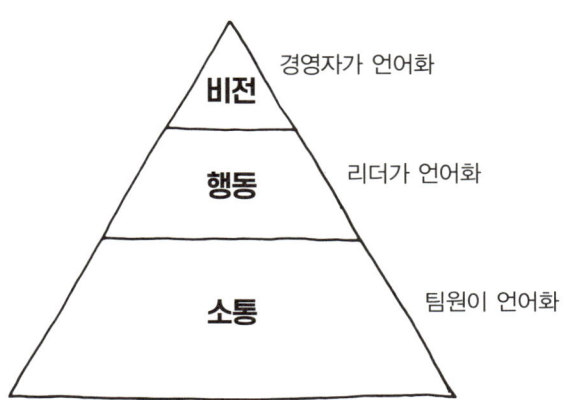

리더는 팀원의 행동을 언어화해야 한다

시합 중에 아무런 사인도 보내지 않고 있다가 경기에 지면 선수들을 질책하는 감독은 즉시 옷을 벗게 될 것이다. 리더가 "알아서 생각하세요"라고 말해도 되는 순간은 팀원에게 명확한 행동을 제시한 다음뿐이다.

영업 초보가 월 1억 매출을 만들 수 있던 이유

조직에는 저마다 역할이 있다. 경영자의 역할은 '목표(비전) 제시'다. 경영자가 날마다 영업을 뛰면서 최고 실적을 내는 상황은 오히려 바람직하지 않다. 경영자의 본래 역할은 목표를 제시하고, 지시를 내리고, 각 부서를 움직이는 것이다.

한편 팀원의 역할은 일하는 것이다. 전쟁에 비유하면 실전이다. 여기서 팀원에게 요구되는 역량은 사고방식보다 실제 일하는 방식이다.

나는 이 원칙을 리크루트 リクルート (취업 및 채용 플랫폼을 운영하는 일본 기업 - 옮긴이)에서 몸소 경험했다. 당시 나는 임원 직속 소인원 그룹에서 신규 사업을 기획하는 팀에 있었다. 리크루트의 강점을 분석하거나, 다음 사업에 투자할 수 있는 자산을 검토하는 일을 했다.

팀에 배치된 지 얼마 되지 않아 알게 된 점이 있다. 바로 '리크루트는 영업을 하는 회사가 아니라 사업 계획과 시스템을 만드는 회사'라는 사실이었다.

요령 없는 직원도
일하게 만든다

리크루트는 영업이 무기인 회사라서 최고의 영업 전문가가 많다고들 생각하지만, 실제로는 그렇지 않다. 물론 영업이 뛰어난 회사라는 점은 부정하지 않겠다. 그런데 잘되는 이유가 최고 수준의 영업 전문가가 많아서가 아니다. 리크루트는 영업을 잘하는 사람이 아니어도 영업을 잘할 수 있는 구조로 되어 있다. **상층부(리더)에서 '완성도 높은 행동'을 철저하게 지시하기 때문에 영업이 서툰 팀원도 성과를 낸다.**

실제로 내가 근무하던 무렵 리크루트에서는 3년 계약직 직원들이 월 영업 실적 1억 엔이라는 어마어마한 성과를 냈다. 그들이 처음부터 영업에 재능이 있어서가 아니다. 오히려 영업 초보가 월 1억 엔 영업 실적을 내는 경우를 더 많이 보았다.

만약 개개인의 영업 실력에 의존했다면 회사의 강점은 이미 사라졌을 것이다. 리크루트가 오랜 기간 선두를 지킨 비결은 개인의 노하우에 의존하지 않고, 오히려 노하우가 없는 사람에게 '무엇을 해야 하는지 know what' 계속해서 알려주고 행동으로 옮겨온 데 있었다.

무엇을 해야 하는지 생각하는 일은 사업팀에 있는 리더의 역할이다. 리더는 '영업 활동에서 해야 하는 일'을 제안 자료에도 넣어서 팀원들이 숙지하게 한다. 팀원은 어떤 의미로 보면 아무 고민도 하지 않고 적힌 대로 영업하고 올 뿐이다. 이것이 리크루트의 강점이었다.

"누가 말하는가?"보다 "무엇을 말하는가?"

2024년, '당신이 생각하는 이상적인 리더는 어떤 사람인가요?'라는 설문조사를 했다. 신입사원을 대상으로 이상적인 상사를 조사한 결과, 남성 상사 1위는 야구선수 오타니 쇼헤이, 여성 상사 1위는 니혼TV 아나운서 미우라 아사미였다.[*]

팀에 이런 리더가 있으면 믿음직스럽고 의지가 된다. 안정감도 들어서 충성을 다할 것 같다. 오타니 쇼헤이가 하는 말이면 두 팔 걷어붙이고 도울지도 모른다. "무엇을 말하는가보다 누가 말하는가가 중요하다"라는 말도 있듯이 누가 말하는가는 굉장히 중요하다.

---

[*] 2024년도 '신입사원이 생각하는 이상적인 상사', 학교법인 산업능률대학 종합연구소. 2024年度「新入社員の理想の上司」学校法人産業能率大学総合研究所.

신입사원이 생각하는 이상적인 상사란?

물론 리더에게 필요한 요소는 이것만이 아니다. **'누가 말하는가?'와 더불어 '무엇을 말하는가?'가 중요하다.** 즉 리더에게는 '남이 듣기 좋은 말' '누구나 공감하는 말'이 아니라 '말하고자 하는 바를 명확하게 전달하는 능력'이 중요하다.

믿음직스러운 사람이면 어떤 메시지를 전달하든 다 괜찮은 것은 아니다. 과거에는 압도적인 카리스마를 지닌 리더의 말을 순순히 따르는 분위기였는지도 모른다. 또 "○○ 씨의 말이면 아마 그게 맞을 거야"라는 사람도 있었을 것이다. 하지만 앞으로는 위엄 있는 태도나 강한 카리스마보다 '구체성'과 '명확성'이 더 중요하다. '누가 말하는가?' 이상으로 그 사람이 '무엇을 말하는가?'가 중요한 이유다.

실제로 2023년에 발표된 신입사원 의식조사 중 '이상적인 상사 순위'를 보면, 이상적인 상사는 다음과 같이 묘사되었다.[*]

- **1위:** 일을 자세하게 알려주는 상사·선배 (79.0퍼센트)
- **2위:** 말과 행동이 일치하는 상사·선배 (53.2퍼센트)

---

[*] 2023년도 '신입사원 의식조사', 일반 사단법인 일본능률협회. 2023年度「新入社員意識調査」一般社団法人日本能率協会

'일을 자세하게 알려주는 상사·선배'가 2위와 20퍼센트포인트 이상 격차를 두고 1위를 차지했다는 점에 주목하자. 말인즉슨 일을 제대로 알려달라는 뜻이다. 이 부분은 나도 상당히 공감한다. 상사의 인품이나 팀원과의 궁합을 논할 것 없이 상사가 일을 제대로 알려주지 않는다.

내가 아직 신입이었을 때 상사에게 매일같이 듣던 말이 있다. "이대로 괜찮다고 생각합니까?" 어디가 어떻게 잘못됐는지 알려주지 않고 늘 "이대로 괜찮다고 생각하는 거죠?"라면서 상당히 모호한 압박을 주었다.

물론 여러 요소를 고려하고 완성도를 높이려는 자세가 필요할

사람을 움직이는 두 가지 리더십

지도 모른다. 하지만 이것은 기본적으로 해야 하는 일이 무엇인지 알고, 기본적인 업무 수행이 가능하다는 전제가 뒷받침되었을 때의 얘기다. 아무것도 모르는 신입사원에게 "이대로 괜찮다고 생각합니까?"라고 추궁하듯 물어도 아무 소용이 없다.

능력 있는 리더를 구성하는 요소는 무엇일까? 이런 질문을 들으면 '성과를 낸다' '머리가 좋다' '팀원들을 공평하게 대한다' '말과 행동이 일치한다' 등 다양한 요소가 떠오른다. 다만 '일을 자세하게 알려준다'라고 하는 가장 기본적인 역할과 책임만 다해도 이상적인 상사의 모습에 한 발짝 더 가까워진다.

심리적 안전감이 팀의 효율을 높인다는 망상

최근 심리적 안전감을 높이려는 분위기가 고조되었다. 가장 큰 목적은 '뭐든 털어놓을 수 있다' '반대 의견을 낼 수 있다' '내 생각을 전달할 수 있다'와 같은 환경을 조성하기 위해서다. 이를 실현할 대안으로 신뢰 관계를 구축하는 방법이 많이 제시되었다. 즉 관계에 신뢰가 쌓이면 무엇이든 말할 수 있게 된다는 뜻이다.

신뢰하는 관계면 확실히 더 편하게 말할 수 있다. 그렇다고 전부 다 말할 수 있는 것은 아니며, 모호하고 추상적인 말을 다 이해해 주지도 않는다.

부부 사이를 떠올려 보면 더 분명해진다. 처음에는 서로를 믿고 결혼했지만 시간이 흐르면 신뢰 관계가 무너지는 경우가 많다. 서로가 "무슨 말을 하는지 모르겠다" "대화가 통하지 않는다"라면서 불평하기도 한다. 믿음이 있다면 어떤 말을 해도 이해받고 갈등이 해결되리라는 기대는 완벽한 망상이다.

마찬가지로 팀원끼리 서로 돕는 분위기라고 해서 문제가 해결되지도 않는다. 서로를 돕는 분위기란 구체적으로 다음과 같다.

- 문제가 발생했을 때 남을 비난하지 않고 건설적인 해결책을 모색하려고 모두가 노력하는가?
- 상사나 다른 팀원이 고민을 말하는가?
- 실패를 질책하지 않고 도전과 성과를 칭찬하는가?

나 역시 이런 분위기를 중요하게 생각한다. 하지만 '건설적인 해결책을 모색하는 노력' '고민을 말할 수 있는 자세' '도전을 칭찬하는 문화'가 있어도 노력에 정확한 방향이 없다면 헛수고다.

목표 달성까지 가는
가장 짧은 길

건설적인 해결책을 찾으려고 노력했지만 끝내 찾지 못하면 문제는 미궁에 빠진다. 누군가에게 고민을 말해도 내용이 추상적이면 듣는 사람도 무슨 말을 해야 할지 망설인다. 반대로 고민을 듣고 "죽도록 노력할 수밖에 없겠네요" 등 추상적인 대답밖에 하지 못하면 아무런 해결도 되지 않는다.

신뢰하는 관계는 중요하다. 그러나 신뢰한다고 해서 모든 일이 잘 풀리는 것은 아니다.

마찬가지로 팀원의 지속적 동기부여도 리더의 최우선 과제가 아니다. 동기부여를 가장 중요한 과제라고 받아들이면 비즈니스 본질을 놓친다. 오해받을 것을 감안하고 말하자면, 회사의 궁극적인 목표는 (고객이나 사회에 가치를 발휘할) 이익 창출이지 팀원의 동기부여가 아니다.

팀원의 동기부여를 위해 그들의 이야기에 귀 기울이고, 개인적인 목표와 회사의 목표가 합치하도록 조율해야 한다는 말이 있다. 물론 이러한 노력도 필요하지만, 처음부터 팀원에게 희망사항을 물어보는 것을 목적 삼으면 방향성이 어긋난다.

팀원의 동기를 부여하거나 불만사항을 해결해주는 이유는 어디까지나 조직의 목표를 달성하기 위해서다. 목표를 달성하려면 먼저 무엇을 해야 하는지 알아야 하며, 그 '해야 하는 일'을 시키기 위해 동기부여한다는 순서가 맞다.

'오늘 할 일'이
성과로 이어지도록

요 몇 년 사이 리더의 역할이 변했다. 앞서 설명했다시피 리더에게 요구되는 자질로 '목표 달성 능력'보다 '팀원과의 조율 능력'에 무게가 실렸다.

물론 팀원을 향한 배려는 중요하다. 팀원을 아랫사람 취급하고 괴롭히는 행위는 있어선 안 된다. 이를 전제로 설명하자면, **리더 본연의 역할은 팀원의 정신 안정제가 되는 것이 아니다.**

리더는 팀원이 결과를 낼 수 있도록 고민하고 행동해야 한다. 연예기획사 매니저를 떠올리면 이해가 쉽다. 나는 한때 대중매체에 지식인으로 출연했었다. 후지텔레비전 인기 예능 프로그램 〈도쿠다네!とくダネ!〉와 전국 인터넷 라디오 방송에 정기적으로 출연하기도 했으며, 유명 방송인 오하시 교센이 설립한 연예기획사에 들어가서 매니저도 생겼다.

　연예기획사 매니저는 일반 기업의 리더(관리자)와 이미지가 전혀 다르지만, 팀원(연예인)이 좋은 프로그램에 들어갈 수 있게 그 사람의 캐릭터나 능력에 어울리는 일을 받아오거나, 일에 관해 조언하기도 한다(물론 사람마다 다르다). 한편 일반 기업에서 관리자는 '윗사람' '팀원보다 높은 사람'으로, 관리자의 지시는 옳고 팀원은 그 지시와 명령을 따르는 위치다. 일반 기업에서도 관리자가 연예기획사 매니저처럼 실무팀에 조언자로서 접근하는 방법이 좋다고 생각한다.

　관리직이 아닌 사람에게도 리더로서의 눈은 필요하다. 선배라면 후배를 대할 때 리더처럼 접근하는 방식이 요구되기도 하며, 일반 사원도 스스로 주도적으로 움직이기 위해 직책이나 연차에 연연하지 않는 '리더'가 될 필요가 있다. 더 말하자면, 누구나 자기 자신을 관리하면서 일하고 있으며, 그런 의미에서 모두가 리더다.

　일할 때 팀워크의 중요성은 아무리 강조해도 지나치지 않다. 다만 팀워크가 좋으면 업무 성과도 좋을 것이라고 기대한다면, 리더가 책임을 다하지 않는 셈이다. 배에서 계속 엔진을 돌려봤자 선원이 없으면 목적지에 도달하지 못한다.

　리더에게 '목적 달성 능력'은 필수 자질이다. 최근에는 '조율하는 능력' '듣는 능력'을 더 중요시하는 추세지만, 결국 기업의 궁극적 목표는 조직 구성원이 다 함께 노력해서 목표를 이루는 것이다. 매출과 이익 같은 숫자가 아니더라도, '목표'를 제시하고 그곳을 향해 꾸준히 앞으로 나아가는 노력은 분명 중요하다.

최근에는 '팀을 통솔하는 능력'에 무게가 쏠리는 분위기다. 즉 문제가 발생하지 않도록, 팀원이 회사를 그만두지 않도록, 모두가 '안심하고 안전하게' 일하도록 해주는 리더를 원한다. 물론 이것도 중요하다. 하지만 기업이 추구하는 본질은 아니다. 다 함께 열심히 일하는 본질적 이유는 성과를 내기 위함이다. 성과를 내지 않아도 괜찮다는 뜻이 아니다.

리더십과 책임감은 동의어가 아니다

리더가 우선 해야 할 일은 팀원이 '할당받은 성과'를 달성할 수 있도록 '오늘 무엇을 해야 하는지' 명확하게 언어화해서 전달하는 것이다. 이때 언어화는 당연히 성과로 직결되는 행동을 담아야 한다. **"알아서 잘 처리하세요" 같은 모호한 지시는 리더의 직무 유기다.**

내가 아직 신입이었을 때의 일이다. 당시 함께 일하던 상사가 입버릇처럼 하던 말이 있다. "상사의 역할은 책임을 지는 거야." 동시에 푸념도 늘어놓았다. "너희는 좋겠다. 책임을 안 져도 되잖아."

아직 일을 배우던 때라 내 앞가림도 잘하지 못했지만, '상사의 역할은 책임을 지는 것'이라는 말에는 강한 이질감을 느꼈다.

리더의 역할에 '팀원의 실수를 책임지는 것'이 포함될 수도 있다. 하지만 이는 리더의 역할 중 일부일 뿐, 이것만 하면 된다는 뜻은 아니다.

리더 본연의 역할은 팀원을 올바른 방향으로 인도하는 것이다. 무엇을 해야 하는지 지시하고, 잘못된 행동은 궤도를 수정해주어야 한다.

'팀원이 스스로 생각해야 한다' '전부 알려주어서는 안 된다'라는 반론도 있을 것이다. 일리 있는 말이라고 생각한다. 하지만 스스로 생각해서 움직일 수 있으려면 팀원이 먼저 대략적인 방향성을 이해해야 한다. 이해도 하기 전에 "스스로 생각하세요"라고 말한다면 학교의 존재는 필요 없어진다. 학교에서 모든 것을 "스스로 생각하세요"라는 말로 학생들을 내버려둬도 괜찮다고 용인하는 것과 같다.

'주체적으로 일하는 팀원을 원한다' '팀원이 스스로 생각하고 행동했으면 좋겠다'라고 생각하는 상사가 많다. 또 자신이 책임질 테니 자유롭고 느긋하게 일하라는 표현이 포용력 있는 상사의 표본처럼 쓰이기도 한다.

그런데 만약 이런 사고방식으로 팀원에게 해야 할 일을 알아서 생각하라고 내맡긴다면 리더 실격이다.

리더의 역할은 책임을 지는 것이 아니다. 책임을 지기 전에 팀원의 행동을 명확하게 지시하는 일이 훨씬 중요하다.

모호한 대책으로는
아무것도 해결되지 않는다

현재 수많은 비즈니스 상황에서 대화나 지시가 언어화되지 않았다. 즉 '명확하지 않은' 느낌이 든다.

내가 있던 조직에서도 성과가 어중간할 때는 여러 대책이 시행되었다. 팀의 방향성이 일치하지 않고, 서로 이해하지 못한다는 느낌이 들면 '소통하는 기회를 늘리자' '리더의 경청하는 자세를 강화하자' '다양성을 존중하자' 같은 여러 대안이 나왔다. 하지만 대부분 효과가 미비했다. 이유는 대안 자체가 '모호했기' 때문이다.

성과가 어중간한 조직일수록 일에 대한 정의가 상당히 모호하다. 입사해서 주어지는 업무 목표도 상당히 광범위하고 불분명하다. 무엇을 해야 하는지 명확하지 않지만, 굳이 말하자면 '팀원들이 하나로 뭉쳐 잘하는 것'이 업무 범위다.

당연하게도 이는 '해야 할 일'을 언어화한 것이 아니다. 업무 내용이 언어화되지 않았기에 지시를 받는 누구도 무엇을 해야 하는지 정확히 모른다.

내가 신입이었을 때도 그랬다. 무엇을 할지 몰라 일단 회의부터 들어갔다. 왠지 일한 듯한 기분이 들고 무엇보다 시간이 잘 갔다. 회의 자체로 어떤 가치가 생기진 않지만, 해야 할 일을 명확하게 인식하지 못한 사람은 가치가 생기지 않는다는 것조차 깨닫지 못한다.

무엇을 위해 어떤 행동을 했는가?

직원들은 성실하고 능력도 출중한데, 무엇을 해야 하는지 몰라서 결과가 나오지 않는 조직이 있다. 그 상황이 오래 지속되는데, 해법도 시원치 않다.

예를 들면 회의에서 오가는 대화도 언어화되어 있지 않다. 이런 대화를 자주 들어보지 않았는가?

리더 : 그러면 진행상황을 공유해봅시다. 이번 일주일 동안의 업무를 공유해주세요.
팀원 : 우선 A 고객사와 상품 회의를 했습니다. 회의에서는 프로

젝트 팀원들의 진행상황을 서로 확인했습니다. 다음번에는 신제품에 관한 의견을 들으러 방문할 예정입니다.
리더 : 알겠습니다. 자, 이제 ○○ 씨 말씀하세요.

보통 이런 대화이지 않은가? 업무 진행상황을 공유하라는 리더의 요청에 팀원은 일주일간 자신이 한 일을 전달한다. 얼핏 자연스러운 대화처럼 보인다. 리더도 "알겠습니다"라고 말한다. 그런데 사실 이 대화에는 리더가 원하는 정보가 하나도 없다.

리더는 진행상황을 물었다. 업무 진행상황이란, 목표까지 얼마나 진행되었는가, 반드시 해야 하는 업무는 어디까지 완료되었는가다. 리더의 이러한 궁금증에 팀원은 대답하지 않았다. 원하는 대답이 나오지 않았는데도 리더는 "알겠습니다"라고 한다.

'회의에 참석했다' '대화를 나누었다' '다음번에 의견을 들으러 고객사에 방문할 예정이다'라는 정보는 얻었지만, 애당초 무엇을 위해서 어떤 의도로 이런 행동을 했는지 알 수 없다.

서로의 업무 진행상황을 확인하는 과정이 필요할지도 모른다. 그런데 전체 업무 가운데 어떤 과제의 진행상황을 확인하려는지 모르겠다. 고객사에 의견을 들으러 가는 것도 마찬가지다. 의견을 들으러 간다고 반드시 업무가 진척되는 것은 아니다.

방금 보았던 대화는 다음과 같이 바뀌어야 한다.

리더 : 그러면 진행상황을 공유해봅시다. 이번 일주일 동안의 업무를 공유해주세요. 어떤 과제의 대응책인지도 함께 설명해주시고요. 또 해당 업무가 과제 해결에 왜 도움이 된다고 생각했는지도 말해주세요.

팀원 : 저는 이번 전체 업무 중에서 '고객사의 만족도 저하' 과제를 담당했습니다. 우선 프로젝트 팀원들의 각 업무가 겹치지 않는지를 확인했습니다. 다음 주에는 고객사를 방문해서 이번 제품에 불만사항을 듣고 올 예정입니다. 고객사의 만족도가 저하된 이유는 제품이 고장 났을 때 대응이 느리기 때문이라고 생각합니다. 그래서 대응 지연에 따른 대안을 보조 팀원과 함께 검토한 후 고객사에 방문할 때 제안할 계획입니다.

물론 이 대화는 하나의 예시일 뿐이다. 주목해야 할 점은 **'무엇을 위해' '어떤 행동을 했는가'를 명확하게 밝혔다는 것이다.**

팀 회의를 해도 성과로 이어지지 않는 이유는 팀원이 유의미한 일을 하지 않기 때문이다. 팀원이 하는 일이 유의미하지 않은 이유는 무엇을 위해 어떤 일을 하고 있는지 언어화되어 있지 않기 때문이다.

더군다나 목표를 달성하지 못한 팀원에게 개선책을 물으면 "더 열심히 하겠습니다" 등 의지에 관한 대답만 돌아오는 경우가 대부분이다. 아니면 "고객의 의도를 파악하여 한발 먼저 움직이겠습니다" 같은 대안을 내놓는다. 곰곰이 생각해보면, "고객의 의도를 파악하여 한발 먼저 움직인다"가 무엇을 가리키는지 도무지 모르겠다. 당사자도 아마 모를 것이다. "더 열심히 하겠습니다" 하고 끝내면 더 꼬치꼬치 파고들 것 같으니 말을 장황하게 늘려서 듣기 좋게 포장했을 뿐이다.

스스로 생각하지 않고 변명하는 팀원의 태도를 지적하려는 것이 아니다. 업무 목표를 달성하지 못하는 상황은 팀원에게도 바람직하지 않다. 팀원도 할 수 있다면 '일을 잘하는 인재'가 되고 싶을 터다. 하지만 어떻게 해야 할지 몰라 그럴듯한 결론으로 마무리 짓고 만다.

무엇을 하면 되는지
고민하는 시간을 줄인다

일이 뜻대로 풀리지 않거나 일하는 속도가 느려서 고민하는 사람이 있다. 주요 원인은 일 내용에 불명확한 부분이 있기 때문이다. 리더가 팀원의 행동을 언어화한다고 해도 매일 해야 할 세부 행동까지 지시하지는 않는다. 해석의 여지가 생길 수밖에 없고, 명확하게 한다고 해도 어느 정도 융통성 있게 전달해야 한다.

    일하는 속도가 느리다고 물리적인 움직임이 느린 것은 아니다. 회사 안에서 걸어 다니는 속도가 거북이만큼 느리다든가, 메일을 보낼 때 타자 치는 속도가 슬로우모션처럼 세 배 이상 느리다는 뜻이 아니다.

업무 속도를 높이는 '요구사항 정의서'

속도가 느린 원인은 대부분 자신이 해야 하는 일이 보이지 않기 때문이다. 무엇을 해야 할지 머릿속이 정리되지 않아 생각하는 시간이 길어지거나, 계속 수정하거나, 전혀 의미 없는 일인데 '혹시 모르니까 이것도 해두자' 하면서 일을 늘리는 바람에 결과적으로 일하는 속도가 느려진다.

팀원의 일하는 속도가 느린 이유는 알고 보면 팀원의 탓이 아닐 수 있다. 시스템을 새로 구축할 때는 '요구사항 정의서'라는 것을 작성한다. 이것이 없으면 개발자는 무엇을 해도 되는지, 어디까지 기능을 추가해도 되는지 알 수 없다. 요구사항 정의서가 있으면 해야 하는 일이 보이고 그에 맞춰 올바른 행동을 할 수 있다. **"잔말 말고 움직이세요!"라고 하기 전에 해야 할 일을 알려주어야 하며, 그보다 먼저 일의 목표를 명확하게 전달해야 한다.**

'관리'의 언어화

비즈니스에서 필요한 언어화

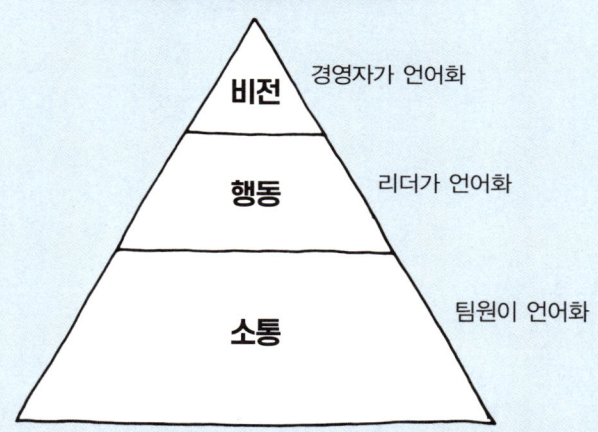

- 비전 — 경영자가 언어화
- 행동 — 리더가 언어화
- 소통 — 팀원이 언어화

리더는 팀원의 행동을 언어화해야 한다.

사람을 움직이는 두 가지 리더십

누가 말하는가?

무엇을 말하는가?

3장

두루뭉술한 비전을 행동으로 제시하는 틀

: '목표'의 언어화

3장 핵심

목표를 언어화해서 행동으로 바꾼다

목표를 정의한다

목표를 달성하기 위한 언어화

판단하기 위한 사고와 언어화의 '틀'

"프로젝트를 성공시킨다"에 숨은 모호함

목표를 머릿속에 그리면서 행동하는 것이 중요하다는 말이 있다. 단순히 목표를 이미지화하면 된다는 뜻이 아니다. 핵심은 '**명확한 목표 설정**'이다. 당연한 말 같지만, 사실 대부분의 '목표'가 모호한 상태로 방치되어 있다.

"우리 회사의 경영 목표는 고객에게 웃음을 주는 것입니다"라는 슬로건을 보거나 들어본 적이 있을 것이다. 특별히 이상하게 느껴지지 않는다. 다만 이 '고객에게 웃음을 주는 것'이라는 목표가 무엇을 뜻하는지 전혀 짐작되지 않는다. 이 회사가 요시모토흥업 吉本興業 (유명 개그맨이 많이 소속된 대형 연예기획사 - 옮긴이)이라면, 만담을 선보여서 사람들을 웃게 만들겠다는 뜻일 수 있다. 하지만 건축회사라면? 호텔이라면? 혹은 음식점이라면 어떨까? '웃음을 준다'는 의미가 180도

달라진다.

　대략적인 방향성은 이해할 수 있다. 아니, 오히려 대략적인 방향성이 이해되기에 그 이상을 생각하지 못한다는 말이 더 정확할지도 모른다.

　결코 트집을 잡고자 함이 아니다. 정말로 의도를 알 수 없다. 이 회사가 당신이 일하는 음식점이라고 가정해보자. 고객에게 웃음을 준다는 말은 어떤 행동을 가리키는 걸까? 가능한 상황은 다음 정도가 될 것이다.

- 엄청 맛있는 음식을 제공한다.
- 놀이동산 콘셉트로 식당을 꾸미고 손님은 식사하면서 쇼를 즐긴다.
- 손님의 생일날에 깜짝 선물을 준다.

　여러 가능성이 있지만 비즈니스에서 중요한 것은 조직이 추구하는 목표를 명확하게 특정하는 일이지, 여러 가능성을 탐색하는 일이 아니다. 자신은 좋다고 생각한 방식이 조직이나 팀의 방침과 어긋난다면 소용없다.

팀원의 재량에 맡기지 마라

목표 매출액을 정할 때도 "매출을 좀 더 늘리자!"라고 하면 추상적이다. 매출을 얼마나 늘릴 것인지, 어떤 제품의 매출을 올릴 것인지, 이 목표를 언제까지 달성하려는 것인지 전부 불분명하다.

"다 같이 이 프로젝트를 성공시킵시다"라고 의욕을 불태워도 '성공'이 구체적으로 무엇을 뜻하는지, 어떤 행동이 필요한지 모른다. 결국 팀원은 "열심히 하겠습니다!"라는 말밖에 하지 못한다. 이어지는 행동이 없다.

직장인이었을 때 상사에게 종종 "알아서 잘 처리하세요"라는 알맹이 없는 지시를 들어도 "알아서가 어떤 뜻인가요?"라고 감히 물어보지 못했다. 게다가 상사의 기분에 따라 '알아서'가 수시로 바뀌어서 정말로 진땀을 뺐다.

"60퍼센트 완성되면 보고하세요"라고 해도, 완성도 60퍼센트가 어느 정도인지 모르는 팀원은 선뜻 보고하지 못한다. 결국 팀원의 재량으로 판단할 수밖에 없는데, 만약 리더의 기준에 어긋나기라도 하면 "왜 이렇게 빨리했어요?" "왜 이렇게 오래 걸려요!" 하고 큰 소리가 난다.

리더는 자신의 의도를 명확하게 언어화해서 전달했다고 생각하지만, 실제로는 불명확하거나 팀원이 확신하지 못하는 부분도 많다.

말뿐인 비전을 정의하는
두 가지 단계

기업이 제시한 목표나 목적은 종종 모호한 상태로 방치된다. 제시한 것까지는 좋은데 아무도 신경 쓰지 않아서 결국 사장실에 걸린 액자 속 표어처럼 공허한 말이 되고 만다.

　기업의 목표에만 해당하는 말이 아니다. 리더가 제시한 목표도 무시당할 때가 있다.

　목표를 향해 아무도 움직이지 않는 이유는 '목표 자체가 불명확하고 무엇을 해야 하는지 모르기' 때문이다. 기업이나 리더가 제시한 목표가 큰 반감을 일으킨다면 논외지만, 이런 경우는 드물며 대부분은 동조하는 분위기다. 그럼에도 팀원이 목표를 향해 움직이지 않는 이유는 목표가 명확하지 않기 때문이다.

　문제는 모호한 목표를 제시한 사람은 그렇게 생각하지 않는다는 점이다. 당사자는 명확하게 제시했으니 팀원들이 한마음 한뜻으로 나아갈 수 있다고 믿는다. 의문을 제기하는 팀원도 없으니 제대로 전달되었다고 생각할지도 모른다.

'○○할 수 있는 상태'

목표를 정량적으로 표현할 수 있다면 명확한 목표 제시는 비교적 간단해진다. 이번 분기 목표 매출액이 10억이면 목표 제시는 간단하다. "이번 분기, 상품 A의 목표 매출액은 10억입니다"라고 하면 된다. 이로써 팀원들은 명확하게 목표를 인식한다.

반면 목표를 정성적으로밖에 표현하지 못할 때 이야기는 급속도로 복잡해진다. "팀의 비전을 구체화한다" "유일무이한 제품을 개발한다" "우리 회사와 거래하고 싶은 회사가 많아지게 한다" 같은 정성적 목표는 범위가 너무 넓거나 사람마다 다르게 해석할 여지가 있기에 이해의 교집합이 좁아진다.

직원 만족도를 높이자는 목표가 있다고 해보자. 수많은 회사에서 직원 만족도를 높이기 위해 조사를 시행하며 점수화(가시화)를 시도했다. 다만 점수가 오른다고 정말로 직원 만족도가 높아지는지는 미지수다. 점수는 설문조사 항목으로도 좌우된다. 또 당신이 생각하는 이상적인 직장과 다를 가능성도 있다. 조사는 조사일 뿐 스스로 생각해봐야 한다.

숫자로 표현하기 어렵다 보니 명확화도 어렵지만, 그대로 두어서는 안 된다. 정성적으로 표현할 수밖에 없는 목표여도 리더와 팀원의 생각은 같아야 한다.

그러면 어떻게 해야 할까?

정성적 목표는 '○○할 수 있는 상태'로 표현을 바꿔서 정의하면 명확해진다.

'직원 만족도가 높다'를 '직원이 ○○할 수 있는 상태'라는 표현으로 바꾸면 동그라미 안에 어떤 말이 들어갈 수 있을까? 그 예시는 다음과 같다.

- 회의에서 팀원이 자신의 아이디어를 발언할 수 있는 상태
- 정시에 모두가 일을 끝내고 퇴근할 수 있는 상태
- 서른다섯 살 팀원이 자가 주택을 마련할 수 있는 상태

이러한 '할 수 있는 상태'는 많든 적든 직원 만족도에 영향을 줄 것이다. 이 중 무엇을 고를 것인지, 어떠한 '할 수 있다'로 표현할 것인지는 리더가 정하거나 팀원과 함께 상의하면 된다.

모두가 만족하는 표현이 바로 나오지 않을 수도 있다. 하지만

정성적 목표를
'할 수 있는 상태'라는
표현으로 바꾼다.

목표를 언어화해서 행동으로 바꾼다

'직원 만족도를 높인다'라는 표현으로는 무엇을 해야 하는지 영영 알 수 없다. 시도만이라도 좋으니 **할 수 있는 상태**'의 표현을 제시해보자.

문장으로 완성하는
'고객 최우선주의'

다른 예시를 보자. '고객 최우선주의'라는 정성적 목표를 같은 방법으로 언어화해 보자.

    일하다가 모르는 단어가 나와도 보통은 질문하지 않고 찾아보지도 않기 십상이다. '고객 최우선주의'라는 말을 듣고서 "구체적으로 어떤 뜻인가요?"라고 묻는 사람은 드물다. 물어보면 "알아서 생각해보세요!" 하고 괜한 소리만 들을 것 같기 때문이다. 그래서 대략적인 방향성만 알면 더 파고들지 않는다. 결국 말은 모호한 상태로 남고 만다.

다시 말하지만, 이대로라면 행동으로 이어지지 않으므로 고객에게 웃음을 주지 못한다. 따라서 리더는 이 말을 명확하게 정의하여 팀원들이 목표 또는 목적을 향해 나아갈 수 있도록 해야 한다.

그렇다면 어떻게 표현하면 좋을까?

첫 단계는 '문장으로 완성하기'다. 표현이 모호해지는 이유는 단어나 명사만으로 목표를 제시하기 때문이다. '고객 최우선주의' '수평적 기업 문화' 등 단어나 명사로 표현하면 아무래도 정보가 생략되어서 의미가 모호해진다.

이때는 **주어와 서술어를 넣어서 문장을 완성한다. 주어는 구체적인 인물상을 설정하고 서술어는 '○○할 수 있는 상태를 목표로 한다'로 만든다.**

예를 들면 음식점에서 생각하는 '고객 최우선주의'는 다음과 같을 수 있다.

- '아이와 함께 온 가족 손님'이 '아이가 큰 소리를 내도 주변 시선이나 이용 시간을 신경 쓰지 않고 식사할 수 있는 상태를 목표로 한다.'

- '혼자 온 손님'이 '다른 손님과 마주치거나 점원과 대면하지 않고도 결제까지 할 수 있는 음식점으로 만든다.'

고객 최우선주의는 고객을 신으로 떠받들고 노예를 자처한다는 의미가 아니다. 고객이 무엇을 할 수 있는 상태가 '고객을 최우선으로 생각한' 경우인지 회사의 생각을 구체화하면 된다.

또 앞에서 목표를 '웃음을 준다'라고 했는데 반드시 웃게 할 필요는 없다. 안심할 수 있다, 부끄럽지 않다 등도 '웃음을 주는' 상태다.

물론 이것은 하나의 예시일 뿐 패턴은 여러 가지다. 목표를 특정하려면 '○○(누가)'가 '○○할 수 있는' 상태를 목표로 하는지 문장으로 만들면 된다.

이렇게 표현하고 나면 해야 할 일이 더 명확하게 보인다. 현장 직원들에게 '고객 최우선주의'라는 목표는 아무런 행동도 제시하지 못한다. 하지만 '아이와 함께 온 가족 손님이 주변 시선을 신경 쓰지 않고 식사할 수 있는 곳으로 만든다'라고 하면 여러 대안이 나온다.

아이와 함께 온 가족이 주변 시선을 신경 쓰지 않고 식사하기를 바란다면 다음과 같은 구체적인 행동을 고안해볼 수 있다.

- 자녀 동반 가족을 위한 전용 공간을 만들고 그곳으로 안내한다.

- 아이가 다치지 않도록 문턱을 없애는 공사를 한다.
- 목소리가 커져도 다른 손님이 불편하지 않게 방음 설비를 한다.

'혼밥'을 부끄러워하는 사람에게 안정감을 주려면 이런 아이디어를 생각해볼 수 있다.

- 다른 손님들의 시선이 닿지 않게 가림막을 설치한다.
- 주문부터 결제까지 가능한 태블릿을 도입한다.

문장으로 바꾸면 행동이 따라온다. 행동을 떠올리면 실행할 수 있다. 실행하면 마침내 목표를 달성할 수 있다.

여담이지만, 나는 의외로 어른이 되기 전까지 회전초밥 가게에서 직접 주문하는 일에 상당한 스트레스를 받았다. 이곳저곳에서 주문이 쏟아지는 바람에 타이밍을 계속 놓쳤다. 원하는 초밥을 주문하지 못해서 하는 수 없이 회전하고 있는 초밥에서 골라 먹던 시기도 있었다. 지금은 초밥 가게를 가면 태블릿으로 주문받는 곳이 많아져서 마음이 한결 편하다.

"사장님이 무슨 말을
하시는지 모르겠어요."

"사장님이 무슨 말을 하시는지 모르겠어요." 이런 불평을 듣곤 한다. 감각적인 스타일의 경영자가 제시한 조직의 비전이 모호한 경우다. 물론 명확해져야 하는 부분은 맞지만, 그렇다고 '사장님의 생각을 모르겠으니 움직일 수 없다'라고 섣불리 단정 지어서는 안 된다.

이때 가장 좋은 방법은 리더가 경영자의 모호한 지시를 언어화하여 팀원에게 전달하는 다리 역할을 하는 것이다. 앞으로 리더에게는 무엇을 해야 목표(비전)를 달성할 수 있는지 언어화하는 능력이 요구될지도 모른다.

예를 들면 '고객 만족도를 높인다'가 이번 분기 목표인 조직이 있다고 해보자. 그런데 이 말만 들어서는 무엇을 해야 하는지 알 수 없다. 무엇을 해야 고객 만족도가 높아지는지, 팀원은 무엇을 하면 되는지가 드러나지 않았기 때문이다.

'고객 만족도'가 정확히 무슨 뜻인지도 알 수 없다. 모든 고객의 요구에 따르는 것이 목표는 아닐 터다. 고객이 원하는 가격에 판매하겠다는 뜻도 아닐 것이다.

게다가 그 정도는 이미 알고 있다고 말할 것 같다. 그러나 "고객 만족도가 무엇인가요? 고객 만족도를 높이는 직접적인 행동은 무엇인가요?"라고 물으면 대답하지 못한다. 이대로면 팀원이 무엇을 하면 되는지 계속 모른다.

물론 다양한 경우가 존재하지만, 최소한 리더라면 임시적 대안일지라도 머릿속에 '이걸 해야 한다' 하는 이미지가 있어야 한다.

필요조건을 나열하는 '정의 내리기'

리더는 무엇을 생각해야 할까? 이때 **'정의 내리기'**가 필요하다.

리더는 경영자의 모호한 목표를 정의함으로써 더 명확하게 만들어야 한다. 예를 들면 '고객 만족도를 높인다'에는 다양한 해석의 여지가 있다. 따라서 말뜻을 정의해야 한다.

정의 내리기란 **'목표 달성에 필요한 조건을 나열한다'**는 뜻이다.

일반적으로 '정의하다'라고 하면 '○○는 ××다'가 떠오른다.

하지만 이것은 정의가 아니다. "훌륭한 일은 등산과 같다" "최고의 음식점은 오락거리의 진수다" 같은 표현에서 알 수 있듯이, 단순한 비유이자 표현 바꾸기일 뿐이다. 다른 단어로 바꿔서 표현했을 뿐 어떤 뜻인지 설명이 빠졌다.

정의란 '어떤 일이 성립하기 위한 필요조건을 나열한다'는 뜻이다. 어떤 일이 '훌륭한 일'이 되기 위한 조건(필요한 요소)을 나열하면 '훌륭한 일'을 정의한 것이 된다. 즉 최고의 음식점이 되는 데 필요한 조건을 열거하는 행위가 최고의 음식점을 정의하는 일이다.

'고객 만족도를 높인다'라는 목표가 있으면 리더는 이 말부터 정의해야 한다. 어떤 조건이 충족되면 이 목표를 달성했다고 할 수 있는지 생각하고 필요조건을 나열해야 한다. 예를 들면 다음과 같다.

- 고객 재주문율이 10퍼센트 증가한다.
- 신규 고객에게 홍보를 부탁했을 때 기존 고객의 절반이 응한다.
- 제품 사용법에 관한 고객 문의가 절반으로 줄어든다.

당신 기준에서 본 '고객 만족도를 높인다'의 정의가 위와 같다고 해보자. 물론 이 정의는 임시다. 팀에서 조율하거나 경영진 확인이 필요한 경우도 있다. 하지만 이때 중요한 것은 임시로라도 좋으니 일단 정의를 내리는 것이다.

목표를 정의한다

목표 달성에 필요한 조건을 나열한다.

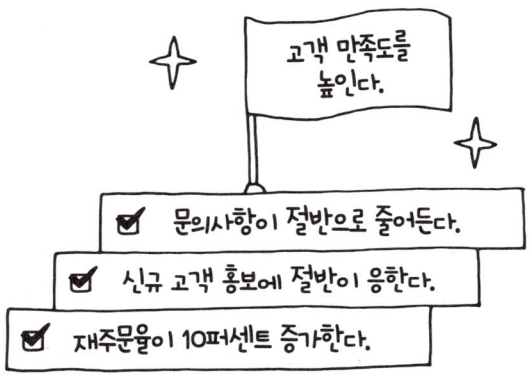

목표 정의가 여러 단계로 나누어지기도 한다.

예를 들면 경영자에게 '상품 브랜딩'을 지시받았다. 리더가 팀원들에게 "자, 상품 브랜딩을 합시다. 다들 움직여요!"라고 지시해도 팀원은 아무것도 하지 못한다. 그래서 정의를 내려야 한다. 이를테면 브랜딩을 '30~40대 직장인 여성 중 과반수가 아는 상태'라고 정의 내렸다고 해보자. 그러면 이제 인지도를 높일 그림이 그려지기 시작한다.

여기서 끝이 아니다. "자, 타깃 중 절반이 알 수 있도록 만듭시다! 다들 움직여요!"라고 해도 아직 움직이지 못한다. '알고 있는 상태'의 뜻이 여전히 모호해서 명확한 대책을 낼 수 없기 때문이다.

GOAL
'상품 브랜딩'을 정의한다

- 30~40대 직장인 여성 과반수가 알고 있는 수준
- '○○ 하면 그것'이라고 바로 떠오르는 수준
- '자주 보이니까 잘 팔리나 보다' 하는 수준
- 단순히 '알고 있는' 수준

목표가 명확하게 그려질 때까지 정의 내리기를 반복한다

'알고 있다'란 어떤 상태를 가리킬까? "이 상품 알아요?" "네, 압니다"를 말하는 걸까? 매장을 둘러보고 "이거 자주 보이네. 잘 팔리나 봐"라는 생각이 들어야 할까? 아니면, '○○하면 그 상품' 하고 바로 떠올라야 할까? 핵심은 정답을 찾는 것이 아니다. 내가 어떤 상태를 의도하려는지 아는 것이다. 경영자의 목표가 명확하게 그려질 때까지 정의 내리기를 반복하는 것이 중요하다. 이 지점이 명확해지면 필연적으로 해야 할 일도 명확해진다. 그뿐만 아니라 팀원에게도 명확한 지시를 할 수 있다.

'중간 단계'를 촘촘히 설계할 것

경영자가 제시한 비전(슬로건 같은 목표)을 언어화하고 행동으로 바꾸면 팀원은 움직이기 시작한다. 다만 경영자의 슬로건이 지나치게 장황해서 구체적인 행동으로 옮기기 어려운 경우가 있다. 슬로건을 정의 내렸는데도 여전히 무엇을 해야 하는지 이미지가 잘 떠오르지 않기도 한다.

앞서 예시로 든 '브랜딩' 정의도 인지도에 국한된 이야기가 아닐 수 있다. 경쟁 제품보다 가격이 높아도 구매한다거나, '제품군 가운데 가장 먼저 떠오르는 상품'이라고 정의할 수도 있다. 여러 요소가 충족된 결과를 보고 '브랜딩에 성공했다'라고 판단해야 하지 않을까? 그렇다면 각 요소를 단계별로 인식하고 더 구체적으로 정리해야 한다.

핵심성과지표의 오류

이를테면 정의로 제시된 요소들을 작은 슬로건이라고 생각하고 각각을 정의해나간다.

인지도를 높이는 방안과 가격을 인상해도 구매하게 만드는 방안은 다르므로, 둘을 분리해서 생각하지 않으면 행동으로 옮겨지지 않는다. 그래서 작은 슬로건을 '중간 단계'로 설정하고, 궁극적인 목표로 향하는 행동들을 단계적으로 정리한다. 그러면 해야 할 일들이 단일 요소로 분해되어 실행하기 쉬워진다.

조직에 따라서는 KPI Key Performance Indicator (핵심성과지표)를 중간 목

표로 사용하기도 한다. 다만 KPI는 지표 설정이 매우 까다롭다. 최종 목표와 관련이 없는데 하면 좋을 행동이 지표로 설정되어서 실제 효과가 약해지기도 한다.

내가 예전에 자문하던 조직에서는 영업 성과를 높일 목적으로 '방문한 거래처 수' '미팅을 잡기 위해 전화한 횟수' 등을 KPI로 관리했다. 리더가 고객사에 자주 방문하고 전화로 미팅 약속을 많이 잡을수록 영업 성과가 높아진다고 생각했기 때문이다.

당연한 말이지만 무작정 전화한다고 소득이 생기지 않는다. 거래를 원하는 회사 한 곳을 방문하는 일이 호기심 삼아 미팅해보려는 회사 열 곳에 가는 일보다 훨씬 의미 있다.

목표를 달성하기 위한 언어화

'중간 단계'를 언어화한다.

KPI를 도입하면 성과가 수치화되므로 정확하게 파악하고 관리하고 있다는 기분이 든다. 하지만 결국 수치화는 중요하지 않다. 목적은 해야 할 일을 하는 것이다. 또 KPI로 설정하기보다 중간 단계를 언어화할 때 성과도 더 높아진다.

사고의 '틀'이 있으면 말에 자신감이 생긴다

리더는 각 팀원의 업무를 명확하게 알고 올바른 방향을 지시해야 한다. 하지만 두려운 지점은 여기다. 팀원에게 지시를 내리는 리더조차 완벽한 정답을 알고 있지 않으며, 스스로도 '만약에 틀렸으면 어떻게 하지?' 하는 불안을 느낀다.

괜찮은지 아닌지 직감으로는 알아도 이 감이 정말로 맞는지 불안하기도 하고 자신의 판단을 믿지 못해서 흔들리기도 한다.

또 팀원이 반론이나 비판을 제기하기라도 하면, 어떻게 설명해야 할지 몰라서 의도적으로 모호한 표현을 골라 쓰기도 한다.

그래서 리더에게 **사고방식과 언어화의 '틀'**이 필요하다. 이런 경우에는 이런 식으로 생각하고, 이런 부분을 말로 표현하면 좋겠다 하는 틀이 있으면 팀원들에게 제대로 설명할 수 있다. 팀 단위뿐 아니라 회사 전체의 방침을 정하는 경우, 고민이 있을 때 기준이 되는 지침이 있으면 강력한 힘이 된다.

직원들의 반발에도 뜻을 관철할 수 있을까?

예를 들어 미국 의류 기업 파타고니아는 '지구는 우리의 유일한 주주'라는 슬로건과 함께 '우리의 터전 지구를 구할 사업을 한다'라는 회사 목표를 내세웠다. 이 원칙으로 리더도 자신 있게 판단할 수 있다. 큰 수익이 보장된 상품 아이디어가 눈앞에 있어도 '우리 회사는 지구를 구하는 사업만 한다'라는 원칙으로 명확한 판단을 내린다. 팀원들에게서 "왜 이런 좋은 기회를 놓치는 겁니까?"라는 거센 반발이 나와도 "원칙을 생각하면 우리가 해야 할 일이 아니다"라고 명확하게 뜻을 전한다. 적어도 "이런 식으로 생각하면 이런 결론이 나온다"라는 명확한 설명이 가능하다. 이것이 핵심이다.

말하자면 공통 원칙으로서 '틀'은 리더와 팀원이 같은 시각에서 논의하도록 한다. 이 원칙이 없으면 리더도 팀원도 서로의 주관적인 의견이나 그 자리에서 바로 떠오르는 생각만 주장한다. 마치 종교 전쟁처럼 정답은 사라지고 정의와 정의만이 부딪치며, 나와 관점이 다른 사람을 '멍청하다' '아는 것이 없다' '상대할 가치가 없다'라며 배척한다.

리더와 팀원 사이에 공통 원칙이 되는 사고방식과 언어화의 틀이 있는지가 가장 중요하다. 계속해서 이 '틀'에 관한 설명을 이어가겠다. 비즈니스에서 언어화가 필요한 요소와 그 요소를 언어화하는 틀을 꼭 알아두길 바란다.

영업 미팅은
일방적 연설이 아니다

영업 담당자와 함께 고객사에 방문했을 때의 이야기다. 제품을 소개하는 자리인 만큼 제품 이야기를 하겠거니 생각했는데 사실상 잡담하는 시간이었다. 우리 회사의 서비스를 설명할 때도 서비스 내용만 연신 읊어댔다.

"이 제품의 특징은 이런 점으로……"

"이런 시스템으로 지원하고 있습니다. 안심하고 이용하실 수 있습니다."

고객사는 무심하게 자료를 훑으며 고개를 끄덕이기만 할 뿐 아무 말도 하지 않았다. 누가 보아도 '마음을 얻지 못했지만' 영업 담당자는 꿋꿋이 말을 이어 나갔다. 대화가 아니었다.

자주 접하는 상황이다. 많은 사람이 영업 미팅에서 일방적으로 설명을 이어간다. 요즘에는 스타벅스 같은 카페에서도 생명보험을 영업하는 광경이 흔하다. 이 '영업 미팅'에서도 역시 고객은 일방적인 상품 서비스 설명을 묵묵히 듣고만 있다. 제삼자인 내가 듣기에도 설명이 너무 길다. 고객은 집중력을 잃고 만다. 이래서는 영업이 잘 될 리 없다.

앞서 본 영업 담당자는 직속 리더에게 "고객사에 자주 방문해 신제품을 소개하세요"라는 지시를 받았다. 자주 방문하면 수주받을 확률이 높아질 수 있다. 그러나 자주 방문했다고 해서 무조건 발주가 들어오지는 않는다. 미팅 자리에서 어떤 이야기를 하고, 어떻게 제안하는가에 따라 성과는 천차만별이다.

고객사에 자주 방문해도 연설만 늘어놓거나 장황한 설명만 반복하면 아무 소용이 없다. 똑같은 '방문'이고 '제품 설명'이어도 그 자리에서 무엇을 하면 성과로 이어질지 정확하게 알아야 한다. 이것이 모호하면 팀원이 아무리 최선을 다해도 돌아오는 소득이 없다.

회의를 위한 회의를 줄이는 법

A : 신제품을 기획해서 시장 점유율을 높입시다.

B : 고객에게 새로운 부가가치를 제공해서 경쟁 제품을 앞질러봅시다!

A : 동의합니다! 어떤 부가가치를 제공할 수 있을까요?

B : 회사 기술을 활용해서 혁신적인 기능을 더하면 어떨까요? 경쟁 제품에는 이런 기능이 없습니다. 차별화가 될 겁니다!

A : 그렇게 하시죠! 자, 이번 기회에 차별화 콘셉트로 시장을 장악합시다!

회의에서 이런 대화를 들어보지 않았는가? 특별히 이상한 점도 없고 보통의 대화처럼 보인다. 하지만 잘 들여다보면 둘 다 무슨 말을 하고 있는지 의미가 불분명하다. A와 B 모두 구체적 아이디어가 있는 것 같지도 않고, 설령 있다고 해도 머릿속에 있는 이미지가 공유되지 않았다.

부가가치라는 말을 보자. B는 경쟁 제품을 사용하는 고객사에 부가가치 제공을 내세워서 자사 제품을 사용해달라고 제안하자고 주장했다.

그런데 부가가치란 과연 무엇일까? 어떤 기능을 더하면 부가가치가 되는 걸까?

본래 부가가치란 자사가 아니라 클라이언트가 인정하는 가치다. 클라이언트가 원하는 기능이 아니면 부가가치가 될 수 없다. **하지만 실제로는 클라이언트가 원하는 기능이 아니어도 '자사가 추가할 수 있는 기능'을 부가가치라고 부르는 사람이 많다.**

'추가로 더해진 가치'라는 뜻 때문인지, 무언가를 추가하기만 하면 부가가치를 제공했다고 여긴다. 텔레비전, 컴퓨터, 스마트폰도 처음 출시된 이후 새로운 기능이 추가되면서 계속해서 진화해왔다. 소비자도 만족감을 느꼈다. 그런데 지금은 왜 이럴까? 아이폰도 이제는 새로운 기능이 필요 없어 보인다.

여담인데 휴대폰 매장에서 아이폰 기종을 바꾸면서, 아이폰14와 아이폰14 프로 사이에서 고민이 되는 터라 점원에게 어떤 차이가 있는지 물은 적이 있다.

점원은 "프로는 스톱워치 기능이나 알람을 홈 화면에 표시할 수 있어요"라고 했다. 스톱워치 앱을 닫아도 홈 화면에 스톱워치가 작게 표시된다는 말인데 솔직히 이 기능을 왜 추가했는지 의아했다.

점원에게 "이 기능은 주로 언제 사용하나요?"라고 묻자 돌아온 답변은 이러했다. "글쎄요 저도 잘 모르겠네요……."

애플의 잘못도 통신사의 잘못도 아니다. 하물며 점원의 잘못은 더더욱 아니다. 이제 더 추가할 기능이 없어서 궁여지책으로 추가한 기능이다. 단순히 기능이 추가된다고 '고객이 원하는 부가가치'가 되지는 않는다.

솔직히 말하자면 많은 조직에서 앞서 본 회의 장면 같은 패턴이 나타난다. '회의'가 끝나도 아무것도 남지 않고 아무도 움직이지 않는다. 리더에게 '틀'이 있고, 공통 원칙의 '틀'을 토대로 팀원들과 대화한다면 이런 상황을 피할 수 있다.

"그게 의미가 있나요?"에 답하기

비즈니스에서 가장 먼저 배워야 할 틀은 두 가지다. 바로 '**가치**'와 '**차별화**'다.

비즈니스 목적은 고객에게 가치를 제공하고 수익을 창출하는 데 있다. "고객에게 가치를 제공한다" "소비자에게 가치 있는 것을 전하고 싶다" 등 비즈니스 상황에서 '가치'는 굉장히 중요한 키워드다.

키워드의 중요성에도 불구하고 '가치'의 말뜻은 상당히 모호하다. 가치란 무엇일까?

이 질문에 명확하게 답할 수 있는 사람은 드물다. 리더와 팀원의 생각이 일치하지 않으니 '가치를 제공하는 전략'을 이야기하면 팀원이 "그게 의미 있나요?" 하고 불평 비슷하게 맞받아치는 상황이 발생한다. 리더 역시 '이것이 가치다'라는 확신이 있지는 않던 터라 흔들리고 만다.

여기서 공통 언어로서의 틀이 필요해진다. 가치를 언어화하는 사고방식의 틀에는 세 종류가 있다.

1) 가치는 상대에게 변화를 주는 것이다.
2) 가치는 상대의 기분을 좋게 만드는 것이다.
3) 가치는 상대가 공감하기 어려운 자기만의 신념이다.

이 세 가지를 '가치'라고 한다. 다양한 제품 서비스 형태가 있지만 결국 이 세 가지로 집약된다.

변화 | 첫 번째는 '**변화**'다. 일본의 일대일 전문 피트니스 기업 리잡 RIZAP 의 최근 TV 광고를 떠올리면 쉽게 이해할 수 있다. 상대에게 변화(운동 전후 비교)를 제공하면 상대는 이를 가치라고 인식한다. 자사의 뛰어난 기술력과 지속적인 사후관리를 가치라고 인식하는 경우도 있는데, 사실 이 자체는 가치가 못 된다. 뛰어난 기술력이 가치를 지니려면 그 기술력으로 상대에게 변화를 제공할 수 있어야 한다. 지속적 사후관리도 그 자체로는 가치가 아니다. 사후관리 서비스로 고객의 불편사항이 개선될 때 비로소 가치가 된다.

팀원들에게는 "이 기능을 추가하면 고객에게 어떤 변화를 줄 수 있을까요?"라고 질문함으로써 공통 원칙을 논의할 수 있다.

좋은 기분 | 두 번째는 '**좋은 기분**'이다. 상대의 기분을 좋게 만드는 것도 가치가 된다. 집에서 더 편하게 볼 수 있는데 일부러 콘서트에 가는 이유는 신이 나서다. 살이 빠지거나 부자가 되는 것도 아닌데 방에서 아로마 향초를 피우는 이유는 원할 때 기분이 좋아질 수 있기 때문이다. 기분의 종류에는 콘서트나 놀이공원에 갔을 때와 같은 '동적인 기분'과, 하와이에서 파도 소리를 들으면 편안해지는 '정적인 기분'이 있다. 어느 쪽이든 상대의 기분을 좋게 만든다면 가치로 인정받는다.

신념 | 세 번째는 '**상대가 공감하기 어려운 자신만의 신념**'이다. 상당히 역설적인 말인데, 이해할 수 없거나 공감하기 어려운 신념에는 오히려 흥미가 느껴진다. 신념이 강한 장인을 만나면 그가 만든 것을 원하게 되지 않는가? 나로서는 뜻을 이해할 수 없으니 원래라면 필요 없겠지만, 이해하기 힘든 수준의 섬세한 신념은 감탄을 넘어 감동을 주기도 한다. '열정적인 신념' 역시 가치로 인식될 수 있다.

기준은 확실한 근거가 된다

중요한 건 이런 요소를 공통 지침으로 정해서 팀원들과 공유하는 일이다.
"이번 제품으로 이런 변화를 제공했네요. 지금 제안한 기능은 변화에 필요한 기능인가요?" "가격을 내리면 누구나 좋아하겠지만, 가치를 제공할 수 있는가가 더 중요하지 않나요? 가격보다 더 큰 가치를 제공하면 소비자가 구매할 것 같은데 어떻게 생각해요?"라고 질문을 던질 수도 있다.

일본 기업은 오랜 세월 제품 중심 접근법 product out (회사가 가진 기술, 아이디어 등으로 제품을 개발하는 방식)으로 사업을 확장했다. 개인의 능력과 기술력으로 제품을 개발한 후에 제품을 구매할 소비자를 찾는 과정을 따랐다. 그래서 소비자에게 초점을 두지 않았다. 소비자가 원하는 제품보다 '나는 무엇을 할 수 있는가?'에서 출발했으니 당연한 일일지도 모른다.

그래서 '우리가 잘할 수 있는 것 = 가치'라고 인식하는 경향이 있다. 물론 고민하고 노력하는 자세는 중요하다. 하지만 그런다고 고객이 제품을 원하지는 않는다는 사실을 다시 생각해볼 필요가 있다.

가치란 무엇인가? 지표에 일관성이 없고 각자가 생각하는 '좋은 것'을 제안하면 결국 탁상공론이 되고 만다. 이런 상황을 피하고 리더가 자기 말에 자신감을 가지려면 틀이 있어야 한다. 그러면 리더가 팀원과 대화할 때

"이번에는 가치의 세 가지 패턴 중 '변화를 제공'하는 패턴입니다. 소비자를 이런 방향으로 변화시킨다는 점이 이번 제품의 가치라고 생각합니다"라고 전달할 수 있다.

설령 팀원이 다른 의견이나 반론을 제기해도, "저는 ○○라는 변화를 강조해야 한다고 생각합니다"라는 확실한 기준을 제시할 수 있다.

다른 것을 넘어 필요한 것으로

경쟁사와의 '차별화'를 강조하려는 경우 어떤 틀로 생각해야 할까?

결론부터 말하면 **차별화란 '○○을 원할 때 기존 제품으로는 충족하지 못한 부분을 우리 제품으로는 충족할 수 있다'라는 메시지를 전달하는 것이다.**

'차별화'라고 하면, 보통 기존 제품과 다른 점을 나열한다. 이는 단순한 '차이'에 불과하다. **차별화는 '다른 제품이 아니라 우리 제품을 선택한 이유'여야 한다.** 동일 업종이어도 음식점에 따라 간판 색깔이 다르다. 하지만 누구도 이것을 차별화 전략이라고 말하지 않는다. 간판 색깔이 다르다는 이유로 가게를 선택하지는 않기 때문이다.

마찬가지로 다른 회사에 없는 기능을 구현하여 제공한다고 차별화가 아니다. 다른 회사에서는 실현하지 못한 기능이어도 고객이 필요로 하지 않는다면 아무 의미 없다. 단순한 차이가 아니라 **고객이 원하는지, 기존 제품으로는 실현하지 못하는지, 자사가 제공할 수 있는 기능인지**, 이 세 가지가 핵심이다.

팀원과 대화할 때는 단순히 "차별화를 강조합시다!"라고 말할 게 아니라 "고객이 원하는 기능 중에 경쟁 제품으로는 할 수 없지만 우리 제품으로는 할 수 있는 부분을 표현하고 싶네요. 어떤 것이 있을까요?" 하고 질문을 던지면 된다.

어떤 문제를
해결해주는 기능인가?

차별화와 더불어 '**부가가치**'도 중요한 키워드다.

신제품을 기획할 때 '부가가치'를 중요시하는 사람이 많다. 그러나 신중하게 생각해서 부가가치를 추가해도 대부분 성공하지 못한다. 기술이나 능력이 부족해서가 아니라 부가가치의 뜻을 정확히 모르기 때문이다.

최신 백색가전을 떠올려 보라. 몇 년 전과 비교하면 다양한 기능이 추가되었다. 제조사들이 신제품을 출시할 때마다 부가가치를 더한 결과다. 그런데 대부분의 기능이 정말로 사람들에게 필요할까?

판단하기 위한 사고와 언어화의 '틀'

가치
- 변화
- 기분
- 신념

차별화
- 고객이 원하는 것
- 기존 제품으로 실현할 수 없는 것
- 자사가 제공할 수 있는 것

부가가치
- 해결하지 못했던 과제를 해결하는 것

변화 / 기분 / 신념

텔레비전 리모컨 버튼을 보면 몇 년 동안 한 번도 누르지 않는 버튼이 많다. 어떤 기능인지 모르는 것도 있다. '특정 소수인의 니즈를 발굴한다'라는 생각도 있겠지만, 이런 니즈를 발굴하려면 판매 단계부터 해당 기능을 제대로 알려야 한다. 무엇보다 소비자가 특정 기능을 보고 구매 욕구를 느껴야 한다.

단순한 차이가 차별화가 될 수 없듯이 단순히 기능을 추가한다고 부가가치가 생기지 않는다. 핵심 기능은 이미 갖춰져 있으니 자잘한 기능까지 추가되는 실정이다. 이래서는 의미가 없다.

부가가치란 새롭게 추가되는 가치를 말한다. 가치를 '변화'라고

본다면 부가가치란 추가된 변화다. '**아직 제공되지 않은 변화를 제공하는 것**', 즉 '**아직 해결하지 못한 과제를 해결하는 것**'이라는 뜻이다.

예를 들면 기존 제품 이용자가 느끼는 불만을 해결해준다면 부가가치를 제공했다고 말할 수 있다.

제품에 부가가치를 더해서 가격을 인상하려면, 아직 손대지 않은 (상대가 원하는) 변화를 제공하면 된다. 팀원과 대화할 때도 "아직 제공되지 않은 변화에는 어떤 게 있을까요?" "기존 고객이 바라는 개선점은 무엇일까요?"를 질문하면 된다.

'목표'의 언어화

목표를 언어화해서 행동으로 바꾼다

정성적 목표를 '할 수 있는 상태'로 바꿔서 표현한다.

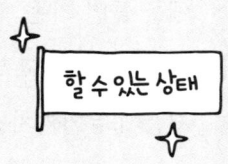

목표를 정의한다

목표 달성에 필요한 조건을 나열한다.

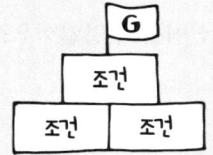

목표를 달성하기 위한 언어화

'중간 단계'를 언어화한다.

판단하기 위한 사고와 언어화의 '틀'

가치
- 변화
- 기분
- 신념

차별화
- 고객이 원하는 것
- 기존 제품으로 실현할 수 없는 것
- 자사가 제공할 수 있는 것

부가가치
- 해결하지 못했던 과제를 해결하는 것

4장

방임과 마이크로매니징 사이에서 고민이라면

: '지시'의 언어화

4장 핵심

리더가 제시해야 하는 세 가지 행동

모호한 지시를 명확하게 바꾼다

불필요한 일을 없앤다

궤도를 수정한다

기대치를 명확하게 설정한다

자의적 해석이 생기는 이유

뜬금없는 이야기지만 나는 통풍이 있다. 7~8년 전에 돌연 발병하더니 오랜 기간 통풍 발작으로 고생했다. 물론 병원에도 가고 약도 받았지만 나아질 기미가 전혀 없었다.

의사는 "식습관을 개선하세요"라는 말을 자주 했다. 솔직히 갈 때마다 들었다. 통풍은 사치병이라고 불릴 만큼 '맛있는 음식을 먹는 사람에게 생기는 병' '술을 자주 마시는 사람에게 생기는 병'이라는 이미지다. 나도 그렇게 생각했기 때문에 "식습관을 개선하세요"라는 말에 전혀 의문을 품지 않고 음식에 신경을 썼다.

구체적으로 코로나19 이전에는 매일 마시던 술을 한 달에 두세 번으로 줄였다. 성게나 아귀 간은 피하고 근력에 좋다는 닭가슴살을 비롯해 닭고기를 매일 양껏 먹었다. 기름진 음식과 당질을 제한하고,

단백질과 채소 중심의 식단을 꾸렸다. 물은 하루도 빠지지 않고 2리터씩 마셨다.

······그런데도 요산 수치는 내려가지 않고 통증 발작도 멈추지 않았다.

왜일까? 내가 먹은 음식에 문제가 있었다.

"식습관을 개선하세요"는
잘못된 지시

나는 건강에 관해선 전문가도 뭣도 아니다. 그래도 바꾼 식습관을 보면 '건강에 좋다' '적어도 관리하고 있다'라는 생각은 들 것이다. 그런데도 통풍이 낫질 않았다. 그 이유는 내가 의사 말을 따르지 않았기 때문이다. 엄밀히 말하면 하라는 대로 했다고 생각했는데 아니었다.

나는 "식습관을 개선하세요"라는 말을 그대로 따랐다. 하지만 이 말은 사실 언어화되지 않은 불명확한 지시였다.

의사가 말하면 당연히 식습관을 개선해야 한다는 인식이 생긴다. 하지만 매일 무엇을 먹어야 하는지는 몰랐다. 무엇을 어떻게 먹어야 '개선'인지, 어떤 음식을 먹지 말아야 하는지도 몰랐다.

심지어 건강을 챙기려고 먹은 닭고기는 성게만큼이나 통풍에 나빴다(닭가슴살이 성게보다 통풍에 더 나쁘다는 사실도 최근에야 알았다).

이것저것 찾아보다가 말린 멸치가 통풍에 가장 좋지 않으며, 100그램당 퓨린 함유량이 성게의 다섯 배 이상이라는 사실도 알게 되었다.

이 책은 통풍 증상을 완화하는 방법을 설명하는 책도 아니고, 통풍에 좋은 음식과 나쁜 음식을 논하는 책도 아니다. **주목할 것은 "식습관을 개선하세요"라는 말이 상대의 올바른 행동을 끌어내지 못했다는 부분이다. 즉 명확한 지시가 아니었다.**

의사를 비난할 의도는 없다. 누군가의 조언을 들으면 우리는 '이런 뜻이겠지' 하고 제멋대로 해석을 덧붙인다. 이 해석이 상대의 의도와 일치할 때도 있지만, 때론 엇갈려서 오해를 낳기도 한다. 누군가에게 지시하거나 조언할 때는 상대가 무엇을 해야 하는지 명확하게 말해야 한다. 통풍 해결책에 비유하자면, "식습관을 개선하세요"가 아니라 "○○을 드세요. ○○은 드시지 마시고요"라고 해야 한다. 두 달에 한 번꼴로 통풍 발작을 겪은 사람으로서 이것만큼은 꼭 강조하고 싶다.

여담으로 흔히 통풍은 바람만 스쳐도 아프다고 생각하는데, 이 또한 오해다. 만져도 아프지 않고 오히려 마사지하면 기분이 좋아진다. 통풍通風이라는 글자도 인간의 판단과 행동을 바꿔버리는 언어화되지 않은 말이라고 나는 생각한다.

왜 스스로 생각하고 움직이지 못할까?

팀원이 동기부여가 높고 스트레스 없이 일하는 것은 굉장히 중요하다. 이는 조직의 거대한 추진력이다. 동시에 리더는 이 추진력을 어디로 향하게 할지 명확하게 제시해야 한다. 팀원들이 의욕 넘쳐도 무엇을 해야 하는지 모르면 배는 앞으로 나아가지 않는다.

리더가 명확한 지시를 내려야 하는 이유다. 리더는 목표를 명확하게 제시하고 목표에 도달하는 방법까지 반드시 설명해야 한다.

수많은 기업에서 팀원의 '목표'를 정해준다. 목표 설정을 주요 업무라고 생각하며, 이에 동조하는 분위기도 강하다. 하지만 목표 설정은 사실 중요하지 않다. 목표를 정해주면 팀원이 성장한다는 믿음은 지나친 오해다.

과거의 방식에서
벗어나야 한다

목표는 결승점이다. 결승점을 제시하면 가야 할 곳을 알 수는 있으나, 만약 가는 방법을 모른다면 아무것도 하지 못한 채 시간만 속절없이 흐른다. 어느 정도 경험이 쌓인 팀원이라면 경험을 바탕으로 어떤 행동이 필요한지 추측할 수 있다. 하지만 경험이 부족한 팀원은 목표를 제시해도 움직이지 못하고 허둥댄다.

스스로 생각하고 움직이지 못하는 이유는 생각하는 힘이 없어서가 아니라 무엇을 해야 할지 모르기 때문이다. 이런 혼란스러운 상황에서 목표만 제시받으면 오히려 압박감과 스트레스만 심해진다.

목표를 설정할 때는 목표 달성에 필요한 행동도 함께 제시해야 한다. 행동 제시 없이 "목표를 달성하세요"라고만 지시하면 아이를 방치하는 것과 같다. 즉 리더의 책임을 다하지 않았다.

"나 때는 그렇게 했어요."

"남 하는 걸 보고 따라 하면서 성장하는 겁니다."

이렇게 반박할지도 모른다. 한때는 OJT On the Job Training 라고 해서, "직접 경험하면서 배워라" 하는 분위기가 강했다. 나도 신입이었을 때 아무도 일하는 방법을 알려주지 않아서 고생했던지라 그 마음을 백번 이해한다.

하지만 누가 나를 키워주지 않았다고 해서 팀원에게 똑같이 해도 된다는 생각은 잘못됐다.

열심히 일했는데
왜 한 건 없을까?

얼마 전 한 유명한 스님에게 '선禪'에 관한 이야기를 들었다. 선이란 무엇이고, 선에서는 무엇을 가장 중요하게 생각하는지 여러 가지를 물었다. 이야기를 듣고만 있어도 마음이 차분해지고 충만해지는 기분이었다.

"선은 실천주의다"라는 말이 특히 인상에 깊이 남았다. 머리로 생각하는 것도 중요하지만, 생각보다 행동이 더 중요하며 행동하지 않으면 의미가 없다는 뜻으로 받아들여졌다.

당연한 소리 같지만, 아무리 생각한대도 행동하지 않으면 의미가 없다. 현상을 이해하려고 '무엇이 정답일까?' '이런 경우에는 어떻게 생각해야 할까?' 하며 멈춰 서 있기보단 일단 움직여야 성과가 나온다.

이해를 바라기보다
길을 제시한다

인재 육성도 마찬가지다. 상대가 이해하지 못하는 것보다 이해하는 편이 더 낫긴 하지만, 다양한 요소를 고려하거나 이해시키느라 상대가 행동하지 못하게 되면 오히려 해가 된다. 게다가 현대사회는 정보가 흘러넘치기에 이런 경우 무엇에 중점을 두고 이해해야 하는지 혼란스럽다.

인플레이션을 고려해라, AI도 도입해라, 외국 정세에 촉각을 세워라, 인재가 고갈될 것이다, 고령화 사회가 점점 진행될 것이다…… 모든 상황을 이해하고 최적의 답을 도출하기란 AI가 아닌 이상 불가능한 초고난도 업무다.

옛날에는 사람들의 니즈도 더 단순했다. 인생의 중대 이벤트마냥 누구나 자동차와 집을 원했다. 초대형 텔레비전을 출시하면 사람들이 구매했다. 집에 돌아오면 텔레비전을 보고 출퇴근 지하철에서는 신문을 읽고 퇴근하고 술집에 가서 하는 첫마디가 "맥주 한 잔 주세요"인 과거에는 사람들의 행동에 패턴이 있었다. 그래서 마케팅 아이디어도 더 떠올리기 쉬웠다.

이럴 때는 지식이나 이론을 알아두면 어느 정도 답을 찾을 수 있었다. 하지만 지금은 그렇지 않다. 아무리 아는 것이 많아도 실제로 해보지 않으면 알 수 없는 것들이 무수하다. 생각만 해서는 의미가 없다.

그런 의미에서 **리더는 팀원에게 '알고 있어야 하는 것'보다 '해야 하는 것'을 전달할 때** 더 높은 성과를 낼 수 있다.

"일을 한다고 했는데"라는 말이 있다. 나도 직장인이었을 때는 일을 한다고 했는데 사실상 한 게 없는 것처럼 느껴질 때가 있었다. 출근하면 메일 답변을 보내고, 회의에 들어가고, 자료를 만들고…… 제법 많은 시간을 회사에서 보냈다. 그것이 나의 일이라고 생각했다. 하지만 목표에 가까워지는 업무는 아니었다. 자료를 만든다고 팀의 목표가 달성되지는 않는다. 회의를 하고 정보를 공유해도 매출액은 제자리다.

즉 이것들은 (꼭 해야 하는 일인지는 모르겠지만) '목표를 향해 내가 해야 할 일'은 아니었다.

일본의 화이트칼라 직종의 생산성은 선진국들 가운데 유감스럽지만 평균 이하다. 게으르거나 해야 할 일을 하지 않아서가 아니다. 자기가 일을 했다고 생각하지만, 진정한 의미에서의 '일'이 아니라서 결과적으로 생산적이지 못하다.

문제는 어떤 행동이 목표로 향하는 길인지 파악하지 못했다는 점이다.

설령 목표가 명확하더라도 매일 무엇을 해야 하는지 불분명할 수 있다. 이 부분을 리더가 명확하게 언어화해서 팀원들에게 지시해야 한다.

어디까지 업무를 지시해야 하는지 고민이라면

수많은 리더십 책이 "팀원이 스스로 생각할 수 있게 리더는 구체적으로 지시해서는 안 된다"라고 말한다. 구체적으로 지시하면 팀원은 늘 '정답'만 찾고 스스로 생각하지는 못한다는 뜻이다. 팀원들의 사소한 업무까지 지시하고 수정하면 팀원은 상사의 지시만 기다린다. 이래서는 일이 진행되지 않는다. 그런 의미라면 구체적으로 지시하지 말라는 말에 일리가 있다.

다만 구체적으로 지시하지 않는 것은 어디까지나 '해야 하는 일을 전달한 후'의 이야기다. 팀원이 해야 할 일을 리더와 팀원이 모두 이해한 뒤, 자유롭게 조율할 수 있는 부분에 관해서 "나머지는 맡길게요"라고 하면 된다. 한편 팀원이 해야 할 일을 두 사람 모두 파악하지 못한 단계에서 "알아서 잘 처리하세요"라고 말한다면 이는 리더로서 책임을 포기하는 셈이다.

자기 스스로 생각하지 않으면 성장하지 않는다는 말도 이해는 가지만, 생각을 하더라도 어느 정도 범위를 좁혀놓지 않으면 영영 길이 보이지 않는다.

팀원의 행동은 리더가 언어화해서 제시해야 한다. 핵심은 세 가지다.

첫 번째 **'해야 하는 일'을 언어화하는 것**, 두 번째 **'하지 않아도 되는 일'을 언어화하는 것**, 세 번째 **'잘못된 행동의 궤도를 수정해서' 언어화하는 것**이다.

회사의 비전을 설명해도 팀원이 바로 이해하지 못할 수 있다. 그렇다면 조직이 제시한 목표에 도달하기 위해 무엇을 해야 하는지 행동 to do 을 언어화해 보자.

'해야 하는 일'을 언어화한다

가장 먼저 언어화해야 하는 행동의 항목은 '해야 하는 일'이다. 앞서 설명했듯이 성과나 업무•목표가 정의되어 있지 않아서 무엇을 해야 하는지 명확하지 않은 경우가 있다. 그러면 팀원은 자기가 해야 할 일을 정확하게 파악하지 못한다. 물론 어떤 제품을 담당하고, 어떤 역할을 맡았는지는 인지한다. 하지만 그 역할을 정확하게 수행하고 조직의 목표를 달성하기 위해 당장 오늘 무엇을 해야 하는지 제대로 아는 사람은 드물다. 우선 이 부분부터 명확해져야 한다.

리더가 명확하게 '지시해야 하는 일'에는 또 다른 의미가 있다. **'오늘' 팀원이 무엇을 해야 하는지 제시한다**는 뜻이다. 리더는 팀원이 해야 하는 일과 더불어 '오늘' 해야 하는 일도 명확하게 지시해야 한다.

'팀원이 해야 하는 일'에는 이번 시기·이번 분기·이번 달에 해야 하는 일처럼 비교적 장기적 뉘앙스가 내포되어 있다. 시간 범위가 길다 보니 해야 하는 일도 추상적이다. 이를테면 '고객사에 신제품을 제안한다' '시장의 니즈를 조사한다' 등 방향성만 제시한다.

이렇게만 표현해도 적절하게 행동할 수 있는 팀원이면 문제없지만, 무엇을 해야 하는지 모르는 팀원도 있을 것이다. 이런 경우에는 시간의 범위를 좁혀서 "가까운 시일 내에 이것을 하세요"라고 지시한다.

날마다 그날의 업무를 알려주라는 뜻이 아니다. 팀원이 일일 업무에 적용할 수 있을 정도로 행동을 구체적으로 제시해야 한다는 뜻이다. 이 부분은 뒤에서 자세하게 설명하겠다.

'하지 않아도 되는 일'을 언어화하다

리더가 언어화해야 하는 두 번째 행동은, **'하지 않아도 되는 일을 언어화하는 것'**이다. 조직에는 전혀 필요 없는데 관성처럼 진행되는 업무가 많다. '정기회의'가 그중 하나다. 정기회의는 정말로 필요할까? 대부분은 매주 하기로 정해져 있으니까 모이고, 모여서 무엇인가를 이야기한다는 수준에서 진행된다.

일본 생산성 본부의 조사에 따르면, 일본인의 1인당 노동 생산성은 연간 8만 5,329달러다. OECD 가입국 38개국 중 31위이며, 미국(16만 715달러)의 절반 수준이다.* 단순히 걷는 속도나 말하는 속도가 절반이라는 뜻이 아니다. 일본 기업이 진행하는 전체 업무의 절반 정도가 '무의미하다'고 해석해야 한다. 하지만 당사자들은 그 무의미한 일을 '쓸모없다'고 생각하지 않는다. 의미가 있다고 생각하니까 지속한다. '놓친 부분이 있을 수도 있다' '다 함께 얼굴을 마주 보는 것이 중요하다' '정보는 공유해야 한다' 같은 생각에서 말이다.

문제는 이런 업무가 대개 조직의 목표로 이어지지 않는다는 점이다. **관성적으로 하는 업무와 '나중에 무슨 일이 생길지 모르니까 일단 해두자' 하는 식의 업무를 지적하고, 애초의 성과로 이어지는 행동을 실행하도**

---

* 노동생산성 국제 비교 2023. 労働生産性の国際比較 2023.

록 조율하는 것도 리더가 해야 할 일 중 하나다.

나도 직장인이었을 때는 일에 치이며 살았다. 대부분은 의미 없는 회의에 참석하거나, 그 의미 없는 회의를 위한 자료를 만들거나, 관련 부서와 사전 협의를 하고 조율하는 일이었다.

직장 생활 3년 차 때 후지필름에서 사이버에이전트로 이직했다. 당시 사이버에이전트의 후지타 사장님은 20대였고 회사 분위기 역시 굉장히 젊었다. 영업직으로 입사했지만, 반년 후에 신규 사업 책임자를 맡게 되면서 후지타 사장님이 직속 상사가 되었다.

처음 사장님과 회의하던 날, 회의 안건과 배경 설명을 파워포인트로 꼼꼼하게 정리해 갔다. 자리가 자리인 만큼 고객용 자료라고 해도 될 만큼 일목요연하게 만들었다. 그런데 사장님이 바로 한마디 하셨다. "저와 하는 회의에서 이렇게 정성스럽게 만든 자료는 필요 없습니다. 그 시간을 사업 계획에 더 쓰세요." 이전 직장이었던 후지필름에서는 자료는 무조건 정성스럽게, 양식은 깔끔하게, 오탈자는 절대 금물이었던지라 처음엔 사장님의 지적이 어리둥절했다. 그런데 사장님은 정말로 불필요한 일을 싫어했다. '내용만 이해되면 된다' '손으로 써도 괜찮다' '남에게 어떻게 보일지는 중요하지 않다'라는 뜻을 읽을 수 있었다.

물론 상황에 따라서는 모양새도 중요하다. 그렇지만 사장실에서 일대일로 하는 회의에서는 사실 모양새에 신경 쓸 필요가 없었다.

'잘못된 행동'의 궤도를 수정한다

리더가 언어화해야 하는 세 번째 행동은 **'잘못된 행동의 궤도를 수정하는 것'**이다. 성과와 관련 없는 행동을 하는 팀원에게 "그렇게 말고 이렇게 하세요"라고 궤도를 수정해야 한다. 어쩌면 팀원은 리더가 제시한 목표나 지시를 오해하고 있을 수도 있다. 만약 오해하고 있다면 다르게 받아들인 대로 잘못된 방향으로 가고 만다. 리더의 뜻을 이해했다고 믿는 팀원은 매일 똑같은 행동을 계속한다. 이대로라면 목표를 달성하지 못한다. 이 부정합을 찾아내서 바로잡는 것도 리더의 역할이다.

리더가 제시해야 하는 세 가지 행동

SMART 법칙은 과연 명확할까?

리더가 팀원에게 '해야 하는 일' '하지 않아도 되는 일' '궤도 수정이 필요한 일'을 제시하면 팀의 생산성은 훨씬 높아진다. "모호하게 지시하는 리더와 명확하게 지시하는 리더, 어느 쪽이 되고 싶습니까?"라고 물으면 누구나 "명확하게 지시하는 리더"라고 대답할 것이다.

명확한 지시가 중요하다는 사실은 누구나 안다. 하지만 이 '명확한'이 어렵다. 명확하게 표현했다고 생각해도 정말로 명확한지 스스로 확인할 수 없기 때문이다.

경영서에서는 명확하게 사고하고 소통하는 데 필요한 다양한 방법을 소개한다. 그중 하나로 'SMART 법칙'이 있는데, 이 법칙에 근거해서 목적을 설정할 것을 제안한다. SMART 법칙이란 무엇인가를 표현할 때 아래 다섯 가지를 의식하면 지시가 명확해진다는 프레임워크다.

- **Specific** : '구체적'으로 만든다.
- **Measurable** : '숫자'로 표현하다.
- **Achievable** : '달성할 수 있는' 표현을 사용한다.
- **Relevant** : 그것이 무엇으로 이어지는지 '관계성'을 보여준다.
- **Time-bound** : '명확한 기한'을 설정한다.

또 업무를 분해하고 행동을 단계별로 쪼개는 방법도 설명한다. "이 프로젝트를 성공시키세요"라고 말하지 않고, "먼저 시장조사를 한 후에 전략을 세우고, 최종적으로 실행하세요" 같이 단계를 나누어 설명하면 무엇을 해야 할지 명확해진다는 논리다. 또 우선순위를 정해서 중요도를 분명하게 만드는 방법도 효과가 있다고 한다.

그런데 이 프레임워크는 난이도가 높아서 실전에 적용하기가 어렵다. 애당초 이 법칙에 따라 사고하기 자체가 굉장히 어렵다.

S Specific 는 '구체적으로 만들면 된다'라는 뜻인데, 애당초 구체적으로 만드는 것부터가 어렵다. 숫자로 간단히 표현할 수 있는 업무라면 간단한데, '제안서의 완성도를 높인다'처럼 숫자로 나타낼 수 없는 업무의 경우, 어떻게 해야 할지 모른다. SMART 법칙 가운데 누구나 바로 실행할 수 있는 항목은 마지막에 나온 '명확한 기한을 설정한다' 정도뿐이다.

업무를 분해하는 것도 쉽지 않다. 자신의 업무를 적절한 단위로 분해할 수 있는 사람은 많지 않다. 예를 들면, 자신이 신규 고객을 충분히 확보할 수 있을 만큼 영업 실력이 뛰어나다고 해보자. 그런데 이 신규 고객 영업을 분해하여 설명하기가 쉽지 않다. 경험이나 직관으로 얻은 지식도 있을 테고, 여러 업무가 서로 깊게 연결되어 있어서 구분이 어려울 수도 있다. 좋은 사고방식이지만 실행이 어렵다. 그래서 나는 다른 방법을 소개하려고 한다.

'그러려면 뭘 하면 되지?'를
세 번 반복하라

실제로 내가 수많은 조직을 변화시킨 질문을 소개하겠다. 이렇게만 질문해도 정말로 지시가 명확해진다.

역설적이지만, 자신의 지시가 명확한지 알아보기란 굉장히 어렵다. 나는 이것이 불가능하다는 전제하에 생각하려 한다. 나아가 자신의 지시가 명확하지 않다는 전제로 얘기하겠다.

모호한 지시가 명확해지려면, 평소처럼 지시하기 전에 스스로에게 '그렇게 하기 위해서는 무엇을 해야 하지?'라고 세 번 질문한다.

예를 들면 "고객의 마음을 움직이는 자료를 만드세요" "잘 조율해봐요"라는 지시가 있다. 다만 너무 모호해서 무엇을 어떻게 해야 할지 감이 잡히지 않는다. 본인은 지시했다고 생각하지만, 지시를 받은 사람은 의미가 불분명하다고 느낀다.

이때 '그걸 위해서는 무엇을 해야 하지?'를 스스로에게 세 번 묻는다. 구체적으로는 이런 식이다. '고객의 마음을 움직일 자료를 만든다'에서 끝내지 않고, 마음속으로 '고객의 마음을 움직일 자료를 만들려면 무엇을 해야 할까?'라고 묻는다.

'고객의 마음을 움직일 자료를 만들기 위해서는 무엇을 해야 할까?'라고 스스로에게 질문했다. '잠재 고객의 의견을 들어야 한다'라는 답이 나왔다고 해보자. 한순간에 명확해진 것이 느껴지는가?

아직 끝나지 않았다. '잠재 고객의 의견을 들어야 한다'도 아직 모호하다. 의견을 듣는다는 말이 영어시험처럼 회의실에서 다른 사람의 말을 집중해서 듣는다는 뜻이 아닐 테니 말이다. 그러니 아직 끝나지 않았다.

'잠재 고객에게 의견을 들을 수 있으려면 무엇을 해야 할까?'라고 또 한 번 자문자답한다.

의견을 들으려면 상대의 협력이 필요하다. 아직 거래하지 않는 잠재 고객에게 전화해도 보통은 자사의 당면 과제를 쉽게 말해주지 않는다. "여보세요, 안녕하세요. 갑작스럽지만 귀사의 과제를 알려주세요"라고 해봤자 아무것도 얻지 못한다. 그러니 우선 약속을 잡아서 과제를 묻는 자리를 만들어야 한다는 생각에 도달한다. 여기서 또 한 번 자문자답한다.

'약속을 잡아서 과제를 물어보는 자리를 만들기 위해서는 무엇을 해야 할까?' 여기까지 질문하면 자신이 해야 하는 일이 더 분명해진다. 나도 약속을 잡기 위해 전화로 영업하던 시절을 겪었기에 얼마나 어려운지 잘 안다. 전화해서 "한번 찾아뵐 수 있을까요?"라고 해도 거절당하기 일쑤다. 짜증 섞인 목소리거나 화를 내기도 한다. 만남이 성사되려면 전략이 필요하다. 예를 들면 다음과 같은 방법이 있다.

- 상대방의 직장 앞에서 기다린다.
- 간단한 선물을 준비한다.
- 경쟁사의 성공 사례를 팩스로 보낸다.
- 경쟁사의 과제와 해결방안을 정리한 자료를 들고 간다.

좋은 방법도 있고 나쁜 방법도 있지만, 행동 리스트는 명확하게 나왔다. 이 정도까지 명확해지면 지시를 받는 팀원도 무엇을 해야 하는지 이해하고 실행할 수 있다.

처음에 나온 "고객의 마음을 움직이는 자료를 만드세요"라는 지시는 어렴풋하게만 이해되기 때문에 적절한 행동을 하기가 어렵다. 리더가 먼저 '그렇게 하기 위해서 무엇을 해야 할까?'라는 질문을 속으로 세 번 반복하면 팀원의 행동이 명확해진다.

'왜?'는 본질에 닿지 못한다

현상을 명확하게 파악할 목적으로 도요타 자동차에서는 '왜?'를 다섯 번 반복해서 묻는다는 이야기가 있다. 그러면 문제의 본질에 닿을 수 있다고 한다. 이 방법은 원인과 결과가 눈에 보인다면 상당히 효과적이다. 원인과 결과가 눈앞에 있으면 높은 확률로 정확한 '왜(원인)'를 생각할 수 있기 때문이다. 한편 원인과 결과가 눈앞에 없는 경우에는 '왜?'를 반복해도 이상한 방향으로 나아가기 십상이다.

이 자료는 고객의 마음을 얻지 못하고 있다
→ 왜? 고객이 바빠서 제대로 읽지 않는다.
→ 왜 바쁘지? 불필요한 일이 많다.
→ 왜 불필요한 일이 많지? '만일을 위해 전부 해두자'라는 완벽주의 성향이다.
→ 왜 그런 성향이 있지? 그런 교육을 받은 탓이다.

'자료가 마음을 얻지 못하는 이유는 그런 교육을 받은 탓이다'라는 결론이 나와버렸다. 결론이 조금 이상하다. 만약 이 결론이 맞더라도 팀원이 해야 할 행동이 그려지지 않는다.

앞서 설명한 '그렇게 하기 위해서는 무엇을 해야 할까?'를 세 번 자문자답하면 당장 실행할 행동 리스트(안건)를 만들 수 있다.

다만 리스트는 만들어도 완성도가 자주 애매하다. 명확하게 만드는 작업과 완성도 높고 구체적인 대책을 세우는 작업은 완전히 다르다. 무조건 리더 혼자서 생각해야 할 필요는 없으며, 팀원들과 다 같이 머리를 맞대도 좋다. 행동을 계획하는 회의를 열어 '그렇게 하기 위해서는 무엇을 해야 할까?'에 대한 답을 함께 찾아내보자.

어떻게 말해야 '정확한' 피드백일까?

팀원에게 지시할 때 정량적으로 표현할 수 있다면 이야기는 비교적 단순해진다. 숫자로 표현하면 오해를 막을 수 있다.

예를 들어서 한 팀원이 매번 회의가 시작되기 직전에 아슬아슬하게 온다고 해보자. 이때 "더 빨리 오세요"라고 말해도 문제는 해결되지 않는다. "더 빨리"가 어느 정도인지 모르기 때문이다. 게다가 팀원은 상사의 눈치를 살피느라 내심 불안한 마음으로 행동하게 된다. 이렇게 되면 상사가 화낼까 봐 15분 전에 미리 가 있으려고 하거나, 회의뿐만 아니라 다른 업무에서도 '혼나지 않으려면 여유를 두고 일정을 잡아야 한다'고 생각할 수도 있다.

이런 상황을 피하려면, "회의가 시작하기 1분 전에 착석하도록 하세요"라고 숫자를 사용해서 '정량적'으로 전달해볼 수 있다. 비교적 단순한 해결법이다. 숫자로 표현하여 오해가 사라지는 상황이라면 상당히 쉽게 해결할 수 있다.

정성적 요소를 지시하는 경우라면 이야기가 복잡해진다.

예를 들면 '팀원의 업무 완성도를 높여야 한다'라고 생각하는 리더가 있다. 하지만 이 표현도 상당히 모호하다. 무엇을 어떻게 해야 업무 완성도가 높아지는지 전혀 모른다. 이때 '더 구체적으로 생각해보자'라는 발상이 나온다.

조금 더 구체적으로 "제출할 자료는 무조건 기한일 이틀 전 17시까지 상사의 책상에 올려둔다"라고 지시했다고 해보자.

분명 처음 지시한 '업무 완성도를 높인다'보다는 구체적이다. 게다가 해야 할 일도 명확해져서 오해를 완전히 막을 수 있을 것 같다. 하지만 이 말 역시 제대로 된 언어화가 아니다.

본래 목적은 '업무 완성도를 높인다'였다. 무엇을 하면 업무 완성도가 높아질지 고민하기도 전에 '기한일 이틀 전 17시까지 상사의 책상에 올려둔다'라고 정해버리면 아무 소용이 없다. '자료를 빨리 제출한다 = 업무 완성도가 높아진다'가 성립되면 문제없지만 제시한 상황에서 이 정의는 올바르지 않다.

팀원이 고객에게 보여줄 자료를 만들었는데 누가 보아도 미흡하다. 센스도 부족하고 이해하기도 어렵다. 팀원에게 수정하라고 지시해야 하는데 "이렇게 하면 안 된다"라고만 하면 팀원은 어디를 어떻게 고쳐야 할지 모른다.

그렇다고 "센스를 발휘해봐요" "더 알기 쉽게 수정하세요"라고 하면 팀원은 피드백을 충분히 받아들이지 못할 테고, 결과적으로 아무것도 못 한다. 하지만 리더 자신도 어디가 잘못됐는지 명확하게 알지 못하기에 "좀 더 이렇게요, 그 뭐랄까, 잘 좀 해봐요"처럼 상당히 애매한 피드백으로 이어진다.

팀원의 성장을 끌어올리는
'연습 메뉴'

하버드 대학의 연구에 따르면, 본래 인간은 자신이 인지한 감각의 5퍼센트 정도밖에 언어화하지 못한다고 한다. 따라서 상사가 "알아서"라는 표현밖에 쓰지 못하는 것도 무리가 아니다. 그러면 어떻게 해야 할까?

리더는 팀원에게 '**연습 메뉴**'를 제시해야 한다.

앞의 상황에서 목표는 '고객이 인정할 정도의 완성도 높은 제안서'였다. 그런데 어디를 어떻게 바꿔야 완성도 높은 자료일까?

따라서 목표가 가능해지게 만들 연습 메뉴를 제시해야 한다. **이때 연습 메뉴는 팀원이 매일 반복했을 때 완성도 높은 자료를 만들 수 있게**

만들어져야 한다. 스포츠 경기를 연습하는 모습을 상상해보라. 예를 들면 고시엔(일본 고교 야구) 출전을 목표하는 고등학교가 있다고 해보자. 감독이 "고시엔에 나갈 수 있게 연습해"라고 지시해선 안 된다. 감독이나 코치의 역할은 고시엔에 나갈 정도의 실력을 갖추게 할 연습 메뉴를 제시하는 것이다. 스쿼트 100회, 팔굽혀펴기 50회, 30미터 전력 질주 10회 등 매일 훈련하면 고시엔에 나갈 정도로 실력이 향상되는 연습을 제시해야 한다.

팀원이 고객에게 인정받는 완성도 높은 제안서를 만들 수 있기를 바란다면, 고교 야구 감독처럼 그에 걸맞은 연습 방법을 제시해야 한다. 예를 들면 다음과 같다.

- 자료를 잘 만드는 선배 자료를 참고해서 디자인은 그대로 두고 제안 내용에 맞게 글만 바꾸는 연습을 일주일에 한 번 하세요.
- 비즈니스 잡지 기사에서 좋아하는 광고 문구를 매일 세 개씩 써서 내세요.
- 고객에게 "요즘 가장 큰 불만사항은 무엇인가요?"라고 질문하고 대답을 기록하세요.

업무 완성도는 결과로 판가름 나는 경우가 많다. 결과가 좋으면 일을 잘했다, 결과가 나쁘면 일을 제대로 못 했다는 식이다. 물론

모호한 지시를 명확하게 바꾼다

- '그렇게 하기 위해서는 무엇을 해야 할까?'라고 스스로 세 번 묻는다.
- '연습 메뉴'를 제시한다.

정확한 평가일 수도 있지만 결과가 나쁜 팀원에게 어떻게 하면 좋은 결과를 낼 수 있는지는 설명하지 못한다. 이때는 "결과를 가지고 오세요!"라고 지시하지 말고 "좋은 결과를 내기 위해 매일 이걸 하세요"라고 연습 메뉴를 전달해야 한다.

정말 필요해서 하는 일인지 판단하는 기준

리더는 팀원이 하지 않아도 되는 일(시간을 들이지 말아야 할 일)도 지시할 수 있어야 한다. 많은 기업에서 장시간 노동이 문제시된다. 업무량이 많은데 "지금부터 이것도 추가로 하세요"라는 말을 들으면 팀원은 거부반응을 보이고 절망을 느낀다. 팀원에게 새로운 행동을 지시하려면 기존의 행동은 중지시켜야 한다.

여기서 문제가 발생한다. 팀원의 기존 행동은 전부 '필요해서 하는 일'이다. 아침에 회사에 출근해서 메일을 확인하는 일은 '신속하게 대응해야 할 문제가 있는지 확인'하는 행동이다. 정기회의는 '서로의 업무 진행상황을 파악하고 문제상황을 미연에 방지하는' 일이다.

어느 쪽이든 당사자의 생각에는 적어도 '필요해서 하는 일'이다. 그래서 불필요한 업무를 없애라고 주장해도 통하지 않는다. "팀이 같은 방향으로 나아가려면 정기회의가 필요합니다. 쓸모없지 않습니다"라는 반론에 부딪혀 무산되고 만다.

여기서 리더의 판단과 결단이 중요하다.

리더는 팀원이 어떤 일에 시간을 쓰고 있는지 확인하고, 그것이 '경영자가 제시한 목표'로 이어지는지 판단해야 한다. 연관성이 일절 없는 경우는 아주 적을 것이다. 그러나 목표와 깊이 연관된 일과, 그 정도 수준은 아닌 일을 분류할 수는 있다.

나는 직장인이었을 당시 상사에게 "혹시 모르니까 이 회의에 들어가세요" "회의록도 일단 만드세요"라는 말을 여러 번 들었다.

"혹시 모르니"나 "일단"이라는 말이 나왔다면 반드시 해야 할 일은 아니라는 뜻이다. 오히려 '혹시 나중에 필요할 수도 있으니까' '그때 가서 없으면 곤란하니까' '잘못하면 내가 책임질 수도 있으니까'라는 뉘앙스로도 느껴진다.

오래전부터 해온 정기회의나 회의록이 중요한 역할을 하는 상황을 나는 경험하지 못했다. 여러분은 어떤가? 그냥 관행이어서 한다는 느낌이 강하지 않은가?

물론 나중에 '역시 필요한 일이었어'라고 생각하는 상황이 생길 수도 있다. 하지만 그런 회의가 백 번 중 한 번이라면, 나머지 아흔아홉 번은 쓸모가 없다. 아흔아홉 번의 시간 동안 할 수도 있던 다른 중요한 일을 놓칠 수도 있다.

어떤 일을 해야 할지 말지는 '하지 않았을 때 누구에게 어떤 변화가 일어나는가?'를 생각해보면 어느 정도 판단할 수 있다.

"그 일을 해야 할까?"라고 물으면 십중팔구는 "해야 한다"라고 대답한다. 단 1퍼센트 확률일지라도 언젠간 필요할 것 같으면 '해야 한다'고 생각한다. 따라서 "해야 할까?"라는 질문은 의미가 없다.

중요한 것은 '하지 않으면 중대한 변화가 일어나는가?'이다. 정기회의에 들어가지 않으면 누구에게 어떤 중대한 변화가 일어나는가? 오래전부터 있던 정기회의를 없애면 누가 얼마나 큰 영향(변화)을 받는가?

팀원에게 이 질문을 던져보자. 다른 팀의 팀원과 협력하는 일이라면 그들에게도 질문해보자.

개인적 의견이 아닌
객관적 '변화' 중심의 대화

변화를 이야기할 때는 "○○에게 피해를 준다" "이런 상황은 난감하다"처럼 모호한 표현이 아니라 반드시 변화가 드러나야 한다.

"○○에게 피해를 준다"라는 지적은 개인적인 의견이다. 꼭 필요한 일이 아니더라도 지금까지 있던 것이 없어지면 왠지 부정적인

불필요한 일을 없앤다

'없애면 누구에게 어떤 변화가 일어날까?'로 판단한다.

느낌이 든다. 이를 '피해'라고 받아들이면 적절한 판단을 할 수 없다.

만약에 정말로 ○○에게 피해를 주었다고 해보자. 그런데 그 일이 대수인가? 솔직히 말해서 우리는 남에게 피해를 주지 않으려고 일하는 것이 아니다. 피해를 주었다고 해도 ○○가 조금 협력함으로써 손해가 발생하지 않는다면 문제는 없다.

핵심은 '변화'다. 누구에게 어떤 변화를 주는가? 어떤 업종에 어떤 영향을 미치는가? '변화'를 중심으로 대화하길 바란다. 여기서 도출된 '변화'를 보고 팀원이 시간을 들여야 하는 일인지 판단해보자.

잘못된 궤도를
수정하는 세 가지 방법

팀원이 적극적으로 행동하고 있지만 그 행동이 잘못되었을 가능성도 있다. 그렇다면 리더는 팀원의 행동 궤도를 수정해야 한다.

사실 처음부터 행동을 지시하는 것보다 이미 하고 있는 행동의 궤도를 수정하는 일이 훨씬 어렵다. 팀원은 자신이 이미 지시에 따르고 있다고 생각하기 때문이다. 리더가 "이걸 하세요"라고 말해도 팀원은 "그러니까 지금 그걸 하고 있습니다. 걱정 마세요, 제대로 이해하고 있습니다"라며 쉽사리 받아들이지 않는다.

예를 들면 영업 성과가 부진한 팀원이 있다고 해보자. 리더는 고객에게 제안 횟수를 늘리길 원한다. 그래서 "고객에게 더 자주 제안해보세요"라고 지시하지만, 팀원은 행동을 바꾸지 않는다. 이미 그렇게 하고 있다고 생각하기 때문이다. 물론 '하고 있다'고 생각해도 리더의 기준에는 미치지 못한다. 아니면 리더가 생각하는 '제안'을 하고 있지 않다.

팀원 : 더 자주 제안하라는 말을 들었지만, 이미 충분히 하고 있어. 2주마다 미팅 약속을 잡고 자료를 보여주면서 제안하고 있다고. 여기서 더 제안하면 오히려 미운털이 박혀서 계약된 발주도 취소될 거야.

리더 : 고객은 제품의 기능만 보고 발주를 결정하지 않아. 메일이라도 좋으니 우리 제품의 필요성을 알릴 정보를 계속 보내는 게 좋겠어. 미팅에서만 제안할 게 아니라 일상에서도 자주 접하게 해야 해.

위와 같이 팀원과 리더의 생각이 다르다고 해보자. 하지만 실제 대화에서는 "더 자주 제안하세요"라고만 표현하면서 생각이 엇갈리고 만다.

팀원 : 이미 충분히 하고 있다고. 왜 알아주지 않는 거야. 이제 됐어, 내가 옳다고 생각하는 대로 할 거야. 스트레스는 받지만 말이야.

리더 : 한참 부족하잖아. 왜 알아주지 않는 거야. 제대로 할 때까지 계속 말해야겠어. 스트레스는 받지만 말이야.

위와 같은 식으로, 아무리 대화가 오가도 인식의 차이가 좁혀지지 않는다.

제대로 이해한 게 맞는지 의심이 든다면?

사람은 누구나 자기 기준대로 가정을 세운다. 어떤 질문을 했을 때 '지금까지의 경험으로 미루어 보면 이런 의미겠지'라고 이해하고 행동한다. 이 가정을 암묵적으로 전제하면서 굳이 확인하지 않는다. 그러니 전제가 어긋나 있어도 어디서 어긋났는지 발견하기 어렵다.

그래서 이미 암묵적인 전제로 움직이고 있는 팀원에게 설명을 보충해서 지시해야 한다. 이미 실행 중인 팀원의 행동 궤도를 수정하려면 다음 세 가지를 전달해야 한다.

1) **초점을 두어야 할 곳** : 어디에 초점을 두면 결과가 바뀔까?
2) **해야 하는 행동** : 구체적으로 무엇을 해야 결과가 바뀔까?
3) **적절한 행동의 양** : 그 행동을 얼마나 더 하면 결과가 바뀔까?

초점을 두어야 할 곳 | 우선 '**초점을 두어야 할 곳**'이다. 앞선 예시의 경우, 리더는 고객사의 제품 구매라는 목표에 맞춰서 어디에 초점을 두어야 하는지 설명해야 한다.

리더의 초점은 '자사 제품을 구매할 욕구를 불러일으킬 정보를 전달한다'에 있지만, 팀원은 '제안을 위해 방문(미팅 약속을 잡고 만난다)한다'에 초점을 두고 있다. 우선 여기서 엇갈림이 발생한다.

이런 경우뿐만 아니라, 일의 의의와 궁극적인 목적을 알고 행동하는 경우와 그렇지 않은 경우에도 행동에서 사소한 차이가 발생한다. 자신의 업무를 어디서 누가 어떻게 활용할지 상상하지 못하면 높은 정확도가 요구되는 일을 할 수 없듯이 '초점을 두어야 하는 곳'을 잘못 알고 있으면 성과가 잘 오르지 않는다.

해야 하는 행동 | 다음은 '**해야 하는 행동**'이다. 핵심을 잘못 알면 필연적으로 해야 하는 행동이 바뀐다. 리더는 '메일이라도 상관없으니 정보를 자주 알리는 것'을 중요시한다. 한편 팀원은 '오프라인 미팅 자리에서 제안하는 것'을 중요시한다. 여기에도 엇갈림이 있다.

적절한 행동의 양 | 마지막으로 '양'을 지시해야 한다. 리더는 고객에게 정보를 자주 보내길 원한다. 하지만 적절한 양이 있는 법이다. 자주라고 해도 하루에 열 번씩 보내면 당연히 상대가 귀찮아할 테고, 2주에 한 번이면 '자주'로 보기 힘들다. 리더가 생각하는 '자주'를 명확하게 알려주어야 한다.

단순히 해야 하는 행동을 알려주기만 해서는 리더가 의도한 대로 일이 진행되지 않는다. 전달했는데도 뭔가 어긋나 있다는 느낌이 들 때는 위의 세 가지를 다시 정리해보자.

궤도를 수정한다

- 어디에 초점을 두면 결과가 바뀌는지 전달한다.
- 구체적으로 무엇을 해야 결과가 바뀌는지 전달한다.
- 그 행동을 얼마나 더 하면 결과가 바뀌는지 전달한다.

어느 정도 완성도를 원하는지 분명히 전달한다

지시를 명확하게 바꾸기에 앞서 팀원에 대한 기대치를 명확하게 할 필요도 있다. 애당초 기대치가 어긋나 있으면 팀원의 행동 범위와 수준이 리더의 의도와 달라진다.

다만 그 전에 '기대치'라는 말에 현혹되지 말자. '기대치를 명확히 한다'라는 말은 상대가 가진 실력을 얼마나 기대하고 있는지 보여주라는 뜻이 아니다. 즉 "나는 당신에게 120퍼센트 기대하고 있다"처럼 표현하지 말라는 말이다.

기대치의 명확화란 '상대가 해야 하는 일을 명확히 한다' '원하는 완성도 수준을 명확히 한다'라는 뜻이다.

예전에 한 회사에서 팀을 맡았는데 팀원들의 의욕이 느껴지지 않았다. 지시받은 일만 하고 업무 완성도는 절반에 못 미치는 수준이었다. 할 일은 산더미처럼 쌓였는데 커피를 마시면서 느긋하게 쉬는 모습을 보고 상당한 스트레스를 받았다.

팀원이 협력적이지 않거나 의욕이 없다고 한탄하는 리더가 있다. 마음은 이해하지만, 이 또한 언어화로 해결할 수 있다.

애당초 **팀원의 행동이 기대치에 미치지 못하는 이유는 크게 두 가지다.**

지시받은 업무가 불분명하거나 팀원이 자신의 업무 범위를 좁게 이해해서 그렇다. 의욕 문제일 수도 있으나, 팀원이 업무 내용을 이해하지 못한 것도 큰 원인이다. 이 두 가지를 명확하게 언어화함으로써 서로의 업무 범위와 해야 할 행동에 관한 공통된 인식을 가질 수 있다.

원하는 업무를 목록화한다

팀원이 자신의 업무를 명확하게 파악하지 못했다면 지금 일을 제대로 하고 있는지도 모호해진다. "A 제품의 프로모션을 담당하세요"라고 지시해도 어느 것 하나 명확하지 않다. 리더는 '이것과 그것과 저것, 그리고 ○○까지 다 하길' 바랄 수도 있지만 생각은 생각일 뿐, 제대로 전달되지 않는다.

우선은 앞서 설명한 **'그렇게 하기 위해서는 무엇을 해야 할까?'**를 스

스로 반복 질문해서 구체적인 행동으로 바꿔야 한다.

"A 제품 프로모션을 위해 ○○을 한다. ○○도 한다. 그리고 ○○도 한다" 이렇게 리더가 떠올린 행동을 나열한 뒤 팀원에게 기대하는 업무를 정리한다. 팀원에게 전부 맡길 수 있을지는 모르겠지만 우선은 정리가 중요하다.

'○○가 △△할 수 있도록'

팀원에게 맡길 업무 범위가 명확해졌다면 이제 완성도를 고민해야 한다. 기획 직군이라면 리더가 원하는 기획의 종류와 상품 등을 명확하게 설명하고 어느 정도 완성도를 원하는지도 함께 전달한다.

수많은 조직에서 "알아서 잘 마무리하세요" "참신한 아이디어가 필요합니다" "프로답게 긴장감과 책임감을 가지세요"라는 표현을 자주 사용한다. 이런 말을 들으면 압박감은 드는데 업무 범위조차 감이 잡히지 않는다.

기대치는 "○○가 △△할 수 있도록"으로 표현하면 리더와 팀원이 모두 이해할 수 있다. "사장님이 주주총회에서 참고하실 수 있도록" "영업 담당자가 고객에게 바로 전달할 수 있도록" "내가(리더) 윗선에 보고하는 자료에 첨부할 수 있도록"이라고 전달하면 어떤 양식으로 만

기대치를 명확하게 설정한다

- '그렇게 하기 위해서는 무엇을 해야 할까?'를 반복해서 질문하고 구체적인 행동으로 바꾼다.
- '○○가 △△할 수 있도록'으로 표현한다.

들어야 하고 어느 정도의 수준을 원하는지 팀원이 더 정확히 이해한다.

물론 팀원에 따라서는 이해하지 못할 수도 있다. "'사장님이 주주총회에서 참고하실 수 있도록'이라니, 그게 무슨 뜻이지?"라고 생각할 수도 있다. 이럴 때는 앞서 설명한 '궤도 수정' 기법을 활용하자.

예를 들어 '사장님이 주주총회에서 참고할 수 있는 자료를 만든다'가 목표라면 다음과 같이 제시한다.

1) 초점을 두어야 할 곳

    색깔, 글씨체, 글자 크기, 자료의 종류

2) 해야 하는 행동

    어디서 자료를 모을까? 누구에게 무엇을 듣고 만들면 될까?

3) 적절한 행동의 양

    전체 분량은 어느 정도면 될까? 각 항목 당 페이지 수는?

이렇게 전달하면 잘 이해하지 못하던 팀원도 리더가 요구하는 수준을 알 수 있다.

'지시'의 언어화

리더가 제시해야 하는 세 가지 행동
- '해야 하는 일'을 언어화한다.
- '하지 않아도 되는 일'을 언어화한다.
- '잘못된 행동'의 궤도를 수정한다.

모호한 지시를 명확하게 바꾼다
- '그렇게 하기 위해서는 무엇을 해야 할까?'를 세 번 자문자답한다.
- '연습 메뉴'를 제시한다.

불필요한 일을 없앤다
- '없애면 누구에게 어떤 변화가 일어날까?'로 판단한다.

궤도를 수정한다
- 무엇에 초점을 두면 결과가 바뀌는지 설명한다.
- 구체적으로 무엇을 하면 결과가 바뀌는지 설명한다.
- 그 행동을 얼마나 하면 결과가 바뀌는지 설명한다.

기대치를 명확하게 설정한다
- '그렇게 하기 위해서는 무엇을 해야 할까?'를 반복해서 질문하고 구체적인 행동으로 바꾼다.
- '○○가 △△할 수 있도록'으로 표현한다.

5장

팀원의 마음속 생각을 밖으로 끌어내는 기술

: '질문'의 언어화

5장 핵심

팀원의 생각을 언어화한다

말하기 어려운 것을 말할 수 있게 하다

막연한 느낌을
비즈니스적으로 정리하는 질문

비즈니스의 궁극적 목표는 고객이 가치를 느끼고 구매하도록 하는 것이다. 따라서 아무리 길게 설명해도 상대가 가치를 느끼지 못한다면 소용이 없다. 그래서 자신이 설명하는 내용이 상대의 가치로 이어지도록 해야 한다. 상품 서비스 특성을 설명할 때도 상대가 가치를 알지 못하면 결론이 전달됐다고 할 수 없다.

이를테면 "이 상품은 X 회사의 기술을 사용했습니다"라고 고객에게 설명했다고 해보자. 설명을 들은 고객이 "그러면 이런 가치가 있겠군요"라고 이해했다면 충분하다. 하지만 그렇지 않으면 "그래서요?"라는 반응이 나온다. 이런 경우, 상품 서비스 측면에서는 결론을 설명했지만, 대화(영업 미팅)에서는 결론이 도출되지 않았다.

"이 상품은 X 회사의 기술을 사용하고 있습니다. 이 상품 서비스를 도입하면 기존 작업 시간이 50퍼센트 절약됩니다. 회사의 비용 지출도 절감됩니다." 이와 같이 상대에게 제공할 수 있는 가치도 언급해야 한다.

생각을 말로 표현할 틀을 제공한다

팀원의 생각이 여기까지 못 미치는 경우도 많다. 그럴 때는 리더가 팀원의 머릿속에서 생각을 끌어내야 한다.

팀원이 "이 상품은 X 회사의 기술을 사용하고 있습니다"라고 했을 때, "그래서요? 무슨 말이 하고 싶은 겁니까?"라고 몰아붙이기보다 그 사실이 어떤 가치로 이어지는지 유도해야 한다. "그건 어떤 가치로 이어지나요?"라는 질문만으로는 부족하다. "유일무이한 기술입니다" "신뢰와 실적입니다" 같은 반응만 나올 수 있기 때문이다. 따라서 3장에서 설명한 '틀'에 따라 다음과 같이 질문해보자.

"그 상품을 사용하면 고객의 어떤 과제가 해결될까요?"

"그 상품이 있으면 어떤 변화가 일어날까요?"

3장에서 설명했듯이 비즈니스와 관련된 가치는 '변화' '좋은 기분' '신념' 세 종류로 집약된다. 가치를 표현해야 하는 설명이라면 어떤 가치를 제공할 수 있는지에 초점을 두고 질문해야 효과가 있다.

마찬가지로 차별화를 강조하려고 한 설명이 실제로는 차별화되지 못한 경우도 있다. 차별화란 "다른 제품으로는 이 목적을 달성할 수 없지만 우리 제품으로는 가능하다"라는 메시지를 전달하는 것이다. 리더가 확인해야 할 사항은 세 가지다.

1) 어떤 목적을 달성하려고 하는가?
2) 왜 기존의 다른 상품으로는 그 목적을 달성할 수 없는가?
3) 왜 이번 자사 상품으로는 달성할 수 있는가?

이 세 가지를 순서대로 질문하면 된다. 그러면 팀원의 머릿속이 정리된다.

3장에서 틀이 있으면 리더는 자신이 하는 말에 자신감을 가질 수 있다고 설명했다. 팀원도 똑같다. 막연한 느낌만 있다면 팀원은 당당하고 명확하게 표현하지 못한다. 자기 생각이 없어서가 아니라 언어로 표현할 틀이 없는 것뿐이다. 리더와 팀원에게 공통 원칙이 되는 틀이 있다면 그에 맞춰 대화할 수 있다.

아무 말도 안 하는 팀원,
자기 의견을 고집하는 팀원

업무 효율화를 추진해도 회사에는 여전히 불필요한 업무가 존재한다. 전형적 예시로 불필요한 회의, 불필요한 자료 만들기가 있다. 애당초 왜 만드는지 모를 자료가 있는가 하면, 분명 중요한 주제인데 엉뚱하고 장황하게 만들어진 자료도 있다.

후자의 경우, 개개인의 능력이 부족해서라기보다 자료에 들어가야 할 내용을 리더가 끌어내지 못했을 가능성이 높다.

회의에서 팀원의 의견을 들을 때도 마찬가지다. 팀원의 발언을 끌어내지 못한 상황에서 팀원에게 "진행상황 어때요?"라고 물어도 원하는 정보를 얻지 못한다. 주제가 명확하고 구체적이라면 이야기가 달라지지만, 특정 주제도 없이 "진행상황은요?"라고 하면 당연히 원하는 답이 안 나온다.

마찬가지로, "문제없어요?" "잘 돼가요?" "인력 보충 필요해요?"라고 물어도 유의미한 정보를 얻지 못한다. 리더가 묻지 않아도 문제상황을 보고하는 팀원도 있다. 이런 팀원은 알아서 말하러 오기 때문에 특별히 문제가 없다.

문제는 말하지 않는 팀원이다. '이 정도는 내가 알아서 답을 찾아야지' '다른 사람도 정신없을 거야' 등 생각만 많고 결국 말하지 않는 팀원은 "문제없어요?"라고 물어도 "괜찮습니다, 없습니다"라고만 대답한다. 그리고 끝까지 자기 혼자 감당하려고 한다.

'적용되지 않는 경우'를 묻는다

부정적 고민뿐 아니라 일반적 의견조차 말하지 않는 팀원이 있다. 나도 상사에게 "무슨 새로운 아이디어 없어요?"라는 말을 들은 적이 있다. 생각해놓은 아이디어가 있었지만 말하지 않았다. 내 의견 따위 하찮게 느껴졌기 때문이다.

안 그래도 자기 의견을 말할 기회가 적은 상황인데, 토론에 미숙하다고 조롱받거나 기껏 말하고서 '자기중심적이고 까다로운 사람' 취급을 받기도 한다. 혹은 아이디어를 제시해도 "그건 당신의 주관적인 의견이죠? 단순한 고정관념 아닌가요?"라는 말을 듣기도 한다. 그러면 팀원은 이제 의견이 있어도 입을 열지 않는다.

반대로 자신의 고정관념에 근거해서 주장하거나 제안하는 팀원도 있다. 이런 경우에는 어떻게 해야 할까?

팀원의 의견을 끌어내고 싶지만, 그 의견이 개인의 고정관념에 기반한 것이라면 받아들이기가 어렵다. "논리적으로 사고하세요" "데이터나 사실에 기반해 설명하세요"라고 말하기는 간단하지만, 애당초 논리적 사고나 사실에 기반하여 설명하는 일 자체가 어렵다.

팀원의 의견이 고정관념에 기반했다는 사실을 깨닫게 하려면 **"어떤 경우에 적용되지 않을까요?"**라는 질문이 효과적이다.

팀원이 "앞으로는 인바운드가 중요합니다! 오래된 방식을 고수하지 말고 우리도 인바운드용 서비스를 시작해야 합니다!"라고 주장한다고 해보자. 이때 리더는 "혼자만의 생각 아닌가요?"가 아니라, "국내에 방문하는 외국인을 위한 서비스가 성장한다고 내다보고 있군요. 모든 서비스가 그들에게 인기 있으리라는 보장은 없지만, 인바운드에 적합하지 않은 상품 서비스에는 어떤 것이 있는지 말해볼래요?"라고 물어야 한다. 이런 식으로 질문하면 자신의 주장이 적용되지 않는 경우가 있다는 인식이 생긴다. 그러면 고정관념에서 벗어나서 인바운드가 통하는 부분과 통하지 않는 부분을 고려하기 시작한다.

토론과 자기주장에 미숙한 팀원이 처음부터 수준 높은 주장을 하기란 쉽지 않다. 그렇다고 주장이 수준 낮다고 지적하면 팀원은 다음부터는 아무 말도 하지 않는다. 우선은 "적용되지 않는 경우는?"이라고 물어서 팀원의 시야를 넓혀보자.

어떤 답을 듣고 싶은지 미리 생각한다

"예" "아니오"로 떨어지는 질문은 비교적 간단하게 대답할 수 있다. 그러나 논술 시험처럼 서술형으로 답해야 하는 개방형 질문인 경우, 질문하는 방식에 따라 끌어낼 수 있는 대답이 크게 달라진다.

예를 들면 단순하게 "어떻게 생각해요?" "어떻게 하면 좋을 것 같아요?"라고 질문하는 경우가 많다. 대답하기 어려운 질문이다. 뭐라고 대답해야 할지도 모르겠고 아무것도 떠오르지 않는다. 아무 생각이 없어서가 아니라, 어디에 초점을 두고 생각해야 할지 모르기 때문이다.

얼마 전에 본 영화나 드라마, 또는 읽은 책을 떠올려 보자. "어땠어요?"라는 질문을 받는다면 대답할 수 있겠는가? 스토리도 거의 다 기억나고 감흥이 없던 건 아니지만 선뜻 대답이 나오지는 않는다.

왜일까? 질문이 잘못됐기 때문이다.

질문의 의도가 무엇인가?

애초에 어떤 대답이 돌아올 것을 예상하고 질문했던가? 대답의 내용은 둘째치고, 어떤 관점에서 어떤 방향을 의도한 물음이었는가? 어쩌면 자신조차 쉽게 답할 수 없는 질문을 했을지도 모른다. 그러고는 "아무도 대답을 못하다니. 다들 물러 터졌구나" 하고 혼자 스트레스를 받는다.

내가 취업 준비를 하던 시절, 한 외국계 기업 면접관에게 이런 질문을 받았다. "고구레 씨의 20년 후 목표는 뭡니까?" 당장 취업 활동으로도 벅찼던 나는 말문이 막혔다. 면접관은 "목표도 대답 못 해요? 아무 생각도 안 하니까 그렇게 되는 거예요"라며 독설을 날렸다. 이런 말까지 들어야 하나 싶어져서 반대로 "면접관님은 20년 후의 목표가 무엇인가요?"라고 물었다. 그는 무척 놀란 표정으로 "20년 후의 목표라! ……미안합니다. 저도 생각해본 적이 없네요"라며 겸연쩍은 듯 웃었다. 그는 자신도 대답하지 못하는 질문을 해서 미안하다고 사과했다. 나는 면접을 무사히 통과했다.

무심결에 한 질문에 자신조차 대답하지 못할 때가 있다. 자기도 대답하지 못하는데 잘난척하며 남에게 물어보지 말라는 뜻이 아니다. 팀원에게 질문할 때는 듣고 싶은 대답이 무엇인지 예시를 제시해야 한다. 그렇다면 예시를 제시하기 위해서라도 **'나라면 어떻게 대답할지' 스스로에게 물어보아야 한다.**

예시를 적절하게 활용하면 좋다

상대의 생각을 듣고 싶다면 어떻게 질문하는지가 중요하다. 구체적으로는 아래와 같은 예시를 제시하면 효과적이다.

1) 극단적인 예시를 제시한다.
2) 분해해서 예시를 제시한다.
3) 미래 상황을 예시로 제시한다.

극단적인 예시 | 우선 '**극단적인 예시 제시하기**'다. 상대는 자기 생각을 어떻게 표현해야 하는지 모른다. 마음속 감정이 명확하게 언어화될 정도로 강하지 않아서 '어떻게 말해야 하지?'라며 고민한다. 이럴 때는 상대의 감정을 극단적인 예시와 함께 대변해보자.

예를 들면, 새로운 업무를 맡은 팀원이 조금 불만을 느끼는 듯하다. 이때 "무슨 불만 있어요?"라고 물으면 대답하지 않는다. "뭐가 이상해요?"라고 물어도 반응은 똑같다. 그렇다면 이번에는 "이건 내가 할 일도 아니고, 쓸데없고 가치 없다고 생각해요?"라고 극단적인 어투로 물어본다.

극단적인 예시를 제시하면 대부분 "아니요, 그런 생각까지는 하지 않았습니다"라고 반응한다. 이때 한 번 더 "그래도 조금은 '내 일이 아니라는 생각'이 들지 않나요?"라고 물어본다. 정말로 그런 생각을 하지 않았다면 "아닙니다. 신경 쓰이는 건 그게 아니라……" 하면서 말하기 시작할 테고, 만약 정말로 그런 생각을 했다면 "네, 조금은 그렇게 생각합니다……"라며 입을 열 것이다.

극단적인 예시 제시는 단순히 대화의 물꼬를 틀 목적이며, 상대의 입을 열게 하는 계기에 불과하다. 다만 극단적인 예시를 제시하면 이전까지 불명확했던 감정에 방향성이 보인다. 그리고 자신이 어떤 종류의 감정을 느꼈는지 알게 된다.

질문을 분해한 예시 | 두 번째 질문 방법은 '**분해해서 예시 제시하기**'다. "얼마 전에 발표한 새 프로젝트, 어떻게 생각해요?"라고 물어도 "좋다고 생각합니다"라는 말밖에 나오지 않는다. 질문이 너무 막연해서 새로운 프로젝트에서 어떤 부분에 초점을 두고 생각해야 하는지 모

르기 때문이다.

'새 프로젝트'는 여러 측면에서 평가할 수 있다. 제공하는 서비스의 내용, 가격, 대상 고객층, 경쟁 우위 중에서 어떤 측면을 물어보는지 알 수 없다. 그래서 대답하지 못한다.

이런 경우에는 질문을 분해해보자.

"새 프로젝트, 어떻게 생각해요?"가 아니라 "새 프로젝트 말이에요, 기존 경쟁 업체를 이길 수 있을 것 같아요?"라고 물으면 초점이 맞춰져서 상대의 생각을 꺼낼 수 있다.

미래 상황 예시 | 마지막은 '**미래 상황을 예시로 제시하기**'다. 생각해보면, 우리가 '느끼고' '생각하는' 대부분이 미래의 일이다. 불안함을 느끼는 이유는 '이대로면 나중에 이런 일이 생길지도 모른다'라는 생각 때문이다. 상품 서비스를 높이 평가하는 이유는 '앞으로 이런 고객이나 저런 고객이 구매할 것이다'라고 예상하기 때문이다.

따라서 "어떻게 생각해요?"가 아니라 "(이대로 하면) 미래에 어떤 일이 일어날 것 같아요?"라고 앞으로 일어날 일에 시선을 집중시켜야 한다. 그러면 팀원의 머릿속에 있는 이미지를 꺼낼 수 있다.

팀원의 생각을 언어화한다

극단적 예시를 제시한다.

분해해서 예시를 제시한다.

미래 상황을 예시로 제시한다.

말과 침묵 뒤에
숨은 것들

사회심리학에서는 보상과 처벌로는 관리가 지속되지 않는다고 말한다. 할당량을 달성하면 성과급을 주고 달성하지 못하거나 실수를 하면 평가를 낮게 주는 식으로는 단기적으로만 사람을 움직일 수 있다는 이야기다. 반대로 팀원이 일의 기쁨을 느끼고 내적 동기로 움직이면 동기부여가 오래 지속된다고 한다.

남이 시켜서 일할 때보다 스스로 '즐겁게' 일할 때 확실히 더 오래 지속되는 듯하다. 한 이론에서는 **내적 동기를 유발하는 요소**를 다음 세 가지로 설명한다. '**유능감**(스스로 능력이 있다고 느낀다)' '**관계성**(주변 사람들은 동료이며 적이 아니라고 생각한다)' '**자율성**(주체적으로 결정했다고 느낀다)'이다.

나도 이 세 요소가 매우 중요하다고 생각한다. 이 세 가지는 일을 언어화하면 자동으로 달성된다.

언어는 감정이다

주목해야 할 요소는 관계성이다. 주변 사람들이 적이 아니며, 같은 편이라고 생각하는 것도 중요하다. 관계성이 중요한 요소로 꼽히는 이유는, 뒤집어 말하면 그만큼 주변 사람을 같은 편이라고 생각하지 못하는 상황이 많다는 뜻이다.

왜일까? 간략하게 설명하면 '분노와 비판의 감정' 때문이다. 분노의 감정이 없으면 의견이 대립해도 상대를 '적'으로 생각하지 않는다. 세상에서 가장 맛있다고 생각하는 음식이 달라도 적으로 간주하지 않는 이유도 분노의 감정이 없기 때문이다.

분노 같은 공격적인 감정은 하고 싶은 말을 하지 못할 때 축적된다. 사소한 일이어도 계속 쌓이면 거대한 분노로 자라는 법이다. 하고 싶은 말을 주고받고 그때마다 해소할 수 있으면 이런 상황은 발생하지 않는다.

'하고 싶은 말을 하지 못하는' 상황에는 두 가지가 있다.

하나는 자기 생각을 전부 언어화하지 못해 답답함을 느끼는 상황이다. 좀 더 제대로 하면 좋겠다는 마음을 잘 설명하고 싶은데 전달되지 않아 답답하다. 즉 전달하려고 최선을 다했지만, 상대가 이해하지 못해서 점점 분노의 감정이 커진다. 바람직한 예시가 아닐 수도 있지만, 자신의 감정을 제대로 표현하지 못하는 어린아이가 짜증을 내는 것과 같은 맥락이다.

또 다른 하나는 **하고 싶은 말이 있는데, 억지로 참는 상황**이다. 상대가 명백히 잘못했다고 말하고 싶은데 관계 때문에 말하지 못하는 경우가 있다. 직장인일 때 나도 이런 일을 자주 겪었다. 누가 봐도 상대의 잘못인데 "이건 고구레의 책임입니다"라는 말을 들었다. 그래서 내 입장을 말했더니 상대가 격분했다. 상황이 수습되기는커녕 상대는 나를 더 몰아세웠고 결국 나는 입을 닫았다. 이런 상황이 반복되자 점점 분노의 감정이 끓어올랐다.

이런 상황을 정신건강의 문제로 바라보는 시각은 옳지 않다. '용기 내어 말해보자' '자기 자신을 객관적으로 바라보고 이성적으로 말하자' 같은 조언은 합리적이고 정당할지언정 그렇게 할 수 없는 사람에게는 영양가가 없다. 용기가 없으니 말하지 못한 것이다. 자기 자신을 객관적이고 이성적으로 바라볼 수 있었다면 쉽게 해결했을 것이다. 문제는 자기 생각이 언어화되어 있지 않다는 점이다.

침묵하는 팀원을 이해하기

생각하는 바가 있어도 말하지 않는 경우가 있다. 말하지 않는다기보단 말하지 '못한다'에 더 가깝다. 그 말이 주변 사람들에게 부정적 인상을 남길까 걱정되기 때문이다.

부정적 반응에는 여러 가지가 있지만, 비즈니스 상황에서는 대체로 아래와 같은 인상을 주고 싶어 하지 않는다.

- 나를 무지하고 무능하다고 생각한다.
- 나를 남들에게 방해가 되는 사람이라고 생각한다.
- 나를 부정적인 사람이라고 생각한다.

모르는 것이 있어도 질문하지 않는 이유는 '나를 무지하고 무능하다고 생각할까 봐' 그렇다. 창피하기도 하고 "그것도 몰라?"라는 말을 듣고 싶지 않아서 결국 질문하지 않는다.

마찬가지로 고민을 말하고 싶어도 그러지 못하는 이유는 '이렇게 정신없는 와중에 면담하러 오다니'라고 생각할까 봐 두렵기 때문이다. 방해되는 존재가 되고 싶지 않다.

회사 사람들 모두가 찬성하는 의견에 혼자라도 반대하지 못하는 이유는 부정적인 인간으로 보이고 싶지 않다는 심리의 반영이다. 모두가 "이 안건 굉장히 좋은데요!"라고 말해도 나는 도저히 찬성하지 못하겠다. 오히려 위험 부담이 커 보이지만, 괜히 말했다가 분위기도 가라앉고 찬물을 끼얹을 것 같아 굳이 말하지 않는 팀원도 있을 것이다.

팀원이 자기 생각을 말하지 않는 이유는 아무 생각도 하지 않아서가 아니라 오히려 여러 가지를 생각하고 있기 때문이다.

말하기 어려운 것을 말하게 하는 리더의 질문

대기업에 초청받아 강연할 때가 있다. 강연 주제는 일하는 방식, 설명의 힘, 언어화 기법 등 여러 가지지만, 어떤 주제든 꼭 마지막에 질의응답 시간을 가진다. 하지만 질문이 거의 나오지 않는다. "마지막으로 질문 있으신가요?"라고 해도 손드는 사람이 드물다.

정말로 질문이 없는가 하면 꼭 그렇지도 않다. 강연이 끝난 후 설문지를 받으면 질문이 제법 많다. 즉 궁금한 것이 있다는 뜻이다. 하지만 현장에서 질문하지 않는다.

마찬가지로 그 자리에서는 입을 꾹 다물고 있는 팀원이 많다. "하고 싶은 말이 있으면 말하세요"라고 해도 가만히 있는다. "언제든 질문하세요"라고 해도 질문하지 못한다. 아무 생각이 없어서가 아니라 분위기 때문에 망설여지거나, 어떻게 말해야 할지 혹은 어떻게 표현해야 하는지 몰라서다. 애써 용기 내어 질문하거나 고민을 말해도 표현 방식이 두루뭉술하다.

리더는 팀원이 이런 상황에 놓였을 가능성을 염두에 두어야 한다. 팀원이 정확하게 표현하지 못한 내용에 사실은 다른 뜻이 담겨 있을 가능성도 있다.

리더는 팀원이 분위기상 말하기 어려워하는 심리적 요인과 무엇을 말해야 할지 몰라 머릿속이 뒤죽박죽인 상태, 두 가지를 함께 해결해야 한다.

〈도라에몽〉에 이런 장면이 있다. 이슬이는 자신이 군고구마를 가장 좋아한다는 사실을 말하지 않는다. 이슬이 생일에 그가 가장 좋아하는 것을 선물로 주고 싶던 진구는 도라에몽에게 이슬이가 군고구마를 가장 좋아한다는 사실을 전해 듣는다. 그래서 군고구마를 선물하지만 이슬이는 크게 화를 낸다.

이슬이가 화난 이유는 부끄러웠기 때문이다. '내가 군고구마를 좋아하는 걸 아무도 몰랐으면 좋겠어.' 이슬이는 이런 생각을 했던 것 같다.

"좋아하는 것을 골라도 돼"라는 말을 듣고 정말로 자기가 좋아하는 것을 고르는 사람은 사실 많지 않다. 마찬가지로 속마음을 물어도 솔직하게 대답하는 사람도 많지 않다. 이유는 크게 두 가지다.

1) 좋아하는 것을 솔직하게 말하면 뒤에서 손가락질당할 것 같아서 말하지도 못하고 고르지도 못한다.
2) 자기가 좋아하는 것이 무엇인지 몰라서 고르지 못한다.

일도 인생도 똑같다. 우리는 좋아하는 일을 선택할 수 있는 사회에 살고 있지만, 대부분 남의 시선을 고려해서 선택한 자유다.

나이가 들어서도 공주 대접을 받길 원하는 여성이 이를 솔직하게 말하는 일은 거의 없다. 말했다가는 "사고방식이 이상하네요? 진심으로 하는 말이에요?"라며 상대방에게 부정적인 인식을 심어줄 수 있기 때문이다.

좋아하는 것을 선택할 수 있는 사회에 살고 있지만, 남들의 시선이 신경 쓰여 선택하지 못한다. 개개인의 자유를 서로 감시하고 있는 느낌이다.

항상 이런 환경에 놓여 있기에, 리더가 "터놓고 이야기합시다" "고민 있으면 뭐든 말하세요"라고 말해도 실제로는 그러기가 어렵다. 말할 수 있는 것이 거의 없다.

"인간관계가 고민이다"의 속뜻

말하지 못하는 데 심리적인 이유가 전부만은 아니다. 머릿속이 정리되어 있지 않거나, 표면적인 과제에만 신경 쓰다가 정작 중요한 핵심은 놓치는 경우도 있다. 전형적인 예가 '인간관계가 고민이다'라는 말이다.

현대인의 고민 대부분이 '인간관계'라고 한다. 확실히 나의 경험을 돌이켜 보아도, 고민거리나 부정적인 일 대부분이 결국 '인간관계'로 귀결되었다. 직장에서도 그랬다. 일하다가 생긴 문제 대다수가 알고 보면 건강하지 않은 인간관계에서 비롯되었고, 이 문제가 해결되지 않아 여러모로 스트레스를 받았다.

팀원이 회사를 그만두는 가장 큰 이유가 '상사와의 관계' 때문이라는 조사 결과도 있듯이 심히 공감하는 바이다.

다만 곱씹어 보면, "인간관계가 고민이다"라고만 해서는 정확히 어떤 고민인지 알 수 없다. 큰 틀에서는 동의하지만, 구체적으로 어떤 뜻인지 모르겠다. 정확히 어떤 고민인지 알 수 없다는 말이다. 더군다나 "직장 인간관계가 고민이다"라고 해도 실제로 누군가와의 '관계'를 고민하는 것은 아니다. 상사와의 관계로 고민하는 사람도 그 상사와 잘 지내고 싶거나 관계를 개선하려는 생각은 없을 것이다.

많은 경우 직설적으로 말하면 '상사가 싫으니까 어떻게 좀 해달라'는 의미 아닐까?

상사와의 관계가 고민이라는 팀원에게 잘 지내는 방법을 알려 줘도 소용없다. 상사와 솔직하게 대화할 자리가 필요하다는 생각은 오히려 팀원을 몰아세우는 결과를 낳는다.

또 말로는 '상사와의 관계가 고민이다'라고 해도, 알고 보면 '(상사가 아닌 다른) 누군가가 나를 싫어할지도 모른다, 누군가에게 미움받을 수도 있다'라는 불안이 소용돌이 치고 있을 가능성도 있다.

예를 들면 이렇다. '상사 때문에 짜증 나고 직장 인간관계로 굉장히 고민하는' 사람이 있다고 해보자. 이 고민을 들은 사람이 "그렇게 힘들면 그만두는 게 어때?"라고 조언했다. 하지만 그 사람은 아마 그만두지 않을 것이다.

친구 : 그러면 회사를 그만두는 게 어때?
당사자 : 그건 힘들지. 요즘 같은 시대에 이직이 쉬운 것도 아니고, 일을 안 하면 먹고 살 수가 없잖아.
친구 : 아르바이트하면 되니까 먹고 살 수는 있지 않아?
당사자 : 그것도 힘들지.
친구 : 왜?
당사자 : 가족들이 반대할 거야. (혹은) 친구들이 비웃을 거야.

회사를 그만두지 못하는 이유는 '가족들이 싫어한다' '친구들이 비웃는다' '무시당한다' 같은 것들이다. 하지만 대부분 (혼자만의 착각이지만) '남들이 나를 싫어할까 봐 이러지도 저러지도 못한다'고는 자각하지 못하고 인간관계가 힘들다고만 생각한다.

'인간관계가 고민이다'라고 표현하면 진짜 고민이 무엇인지 자기 자신도 알 수 없다. 팀원의 사고가 이미 고착되어 있을 가능성을 염두에 두고 리더는 팀원이 정말로 싫어하는 것이 무엇인지 알아내야 한다.

다양성을 포용한다는 말의 진실

분위기상 말하기 어려운 것을 털어놓을 수 있도록 심리적 안전감을 높이거나, 긴장감을 내려놓을 수 있도록 일터에서 멀리 떨어진 곳에서 일대일로 면담하는 등 다양한 노력이 이루어지고 있다. 심리적 안전감이라는 용어가 최근 많은 주목을 받았다. 하지만 너무 많은 주목을 받은 탓에 용어만 혼자 노는 느낌도 든다.

심리적 안전감을 높이기 위해 실제로 어떤 노력이 이루어지고 있을까? 일반적으로는 '허심탄회하게 대화한다' '팀원의 고민을 듣는다' 등이 있다. 하지만 사실상 모든 것을 터놓지는 못한다. 어떻게 하면 '허심탄회하게 대화했다'라고 할 수 있을까?

팀원의 고민을 듣기도 그리 쉽지 않다. 애당초 쉽게 말 못 할 고민인데, "고민이 있으면 말하세요"라는 말을 들었다고 바로 털어놓을 리 없다.

심리적 안전감과 함께 포용성에 대한 이해를 높이는 일도 점점 중요해지고 있다. 팀 내 포용성 이해도를 높이는 일도 리더의 역할로 여겨진다. 나아가 리더가 먼저 포용성을 이해하고 있어야 하는지도 모른다.

다양성의 시대라고 일컬어진 지 오래지만, 실제로 다양성이 충분히 인정받고 있는지는 여전히 의문이다. 서로의 가치관을 이해하지 않은 채 간단한 절충안만 제시하는 경우도 있고, 연장자의 의견을 '정답'으로 여기는 일도 허다하다.

다양성을 이해하는 일은 왜 이토록 정체되었을까? 다양성을 위해 무엇을 생각해야 할지, 무엇을 해야 할지 모호하기 때문이다. '다양성을 인정한다' '포용성을 이해한다' 같은 말을 해도 실제로는 무엇을 해야 할지 모른다. 그래서 머리로 '이해해보자. 그래, 이해했어!' 하는 선에서 끝나고 만다.

'포용성을 이해한다'란 과연 무슨 뜻일까? 우선 이 개념부터 명확하게 짚고 넘어가자. 나는 다음과 같은 두 가지로 설명된다고 생각한다.

① 나와 상대의 가치관(기준) 차이를 아는 것
② 나와 상대의 받아들이는 방식 차이를 아는 것

이 두 가지를 알고, 나와 상대가 다름을 받아들이는 일이 곧 '포용성을 이해하는 일'이다.

가치관 차이를 이해한다는 뜻

포용성과 다양성을 논할 때 '가치관 차이'라는 표현을 자주 사용한다. 가치관 차이를 아는 것이 다양성을 이해하는 길로 이어진다는 뜻인데, 일리 있어 보인다. 그러나 '가치관'이라는 말 자체가 상당히 모호해서(게다가 어떤 뜻인지조차 불명확해서) 이해하기 어려운 면이 있다.

'가치관이 달라서'는 이혼 사유로도 자주 나온다. 그런데 가만 생각해보면 이상하다. 본래 가치관이란 '가치를 어떻게 바라보는가?' '어디에 가치를 두는가(느끼는가)?'이다. 이때 가치관은 글자 그대로 해석되어 나는 이런 것에 가치를 둔다, 이런 것이 좋다 같은 의미를 지닌다. 그런데 가치를 바라보는 방식이 다르다고 바로 이혼을 결정할까?

"나는 하와이에서 느긋하게 살고 싶어."

"뭐라고? 하와이가 좋다니 말도 안 되는 소리 하고 있어! 나는 하와이보다 국내에 있는 온천에서 쉬고 싶단 말이야! 당장 이혼해!" 이럴 리는 없다.

젊은 팀원 : 전 퇴근하고 핸드폰 게임을 하는 시간이 좋아요. 회식은 좋아하지 않습니다.

리더 : 뭐라고요? 저는 회식을 사랑합니다! 회식을 좋아하지 않는 당신은 해고에요!

마찬가지로 이런 상황이 일어날 리도 없다.

다양성을 이해하려면 나와 상대의 가치관 차이를 알아야 한다고 하는데, 이것만으로는 아무것도 변하지 않는다. 정말로 알아야 할 것은 **가치관이 아니라 '당연하게 생각하는 기준'이다.** 좋아하는 것이 서로 다르다고 잘못된 것이 아니며, 상대가 좋아하는 것을 이해하는 일이 다양성을 이해하는 태도도 아니다. 결국 상대가 무엇을 '당연하게 생각하는지' 기준을 아는 것이 중요하다.

'당연하게 생각하는' 기준이 달라서 다툼이 생기고 화가 난다. 심지어 상대가 '당연하게 생각하는' 기준을 자신에게 강요한다고 느끼면 심한 스트레스를 받는다.

리더는 각 팀원의 '당연하게 생각하는' 기준을 반드시 알아야 한다. 팀원뿐만 아니라 자신에게 어떤 기준이 있는지도 알아야 한다.

앞서 나온 젊은 팀원을 예로 들면, '핸드폰 게임을 좋아하는 것'은 전혀 문제 되지 않는다. 다만 '회사는 나의 개인적인 시간을 보장해야 한다'라는 생각이 문제의 여지가 된다. 마찬가지로 리더가 '개인적인 시간을 희생해서라도 회사 일정을 우선해야 한다'라고 생각하면 갈등이 발생할 수 있다.

가치관의 차이로만 바라보면 문제는 해결되지 않는다. 핵심은 '당연하게 생각하는 기준'의 차이에 있다. 이 기준이 다르기에 충돌이 일어나고 어떤 팀원은 강요받는다고 느낀다.

나의 '당연한 기준'은 무엇일까?

우선은 각 팀원의 '당연하게 생각하는 기준'을 언어화하는 일에서 시작해야 한다. 다만 이 기준은 스스로는 잘 모르다가 남에게 싫은 소리를 듣거나 어떤 행동을 당했을 때라야 깨닫기도 한다.

내가 가진 '당연하게 생각하는 기준'은 무엇일까? 이렇게 생각해도 답이 나오지 않으므로 우선 표면에 드러난 문제부터 점검해 보자.

이번에도 자주 볼 수 있는 상황을 떠올려 보자. 비단 회식뿐 아니라, 젊은 팀원과 연장자는 일과 개인 생활 측면에서 우선순위가 다를 때가 많다. 과거에는 텔레비전에서 "24시간 싸울 수 있습니까?"라는 캐치프레이즈의 에너지드링크 광고가 방영되었고, 실제로 밤늦게까지 일하는 사람도 많았다. 지금이라면 심각한 '직장 내 괴롭힘'

이 될 수 있다.

팀이 목표를 달성하지 못할 것 같을 때 리더는 "다 같이 힘을 합쳐서 최선을 다합시다!"라고 외치고 싶어진다. 그런데 한 팀원이 "곧 퇴근할 시간인데, 더 시키실 일 없죠?"라며 자신과 상관없는 일처럼 말한다면, 리더는 순간적으로 "지금 무슨 소릴 하는 겁니까!"라며 화낼지도 모른다.

이런 상황에서는 '다양성'을 의식해보자. 리더가 생각하는 '당연한 기준'은 무엇이었을까? 또 팀원이 생각하는 '당연한 기준'은 무엇이었을까? 예시로 다음과 같은 기준이 있다.

리더의 해야 한다는 기준
- 다른 사람들이 열심히 하고 있을 때는 다 같이 열심히 해야 한다.
- 맡은 일은 시간과 관계없이 처리해야 한다.
- 손이 부족한 팀이 있으면 도와야 한다.

팀원의 해야 한다는 기준
- 일과 개인 생활은 분리되어야 한다.
- 야근을 시킬 거면 정당한 야근수당을 지급해야 한다.
- 업무를 추가 요청하려면 정중히 부탁해야 한다.

이 차이만으로도 리더와 팀원은 기준이 충돌하여 서로를 공격할 수 있다. 결국 '내 주장을 따라야 한다'라는 식으로 흘러가고 상황은 수습되지 않는다. 이를 해결하려면 그 이면, 즉 '그렇게 생각한 이유'를 찾아야 한다.

모두 자신만의 이유가 있다

우리는 자신의 기준으로 남을 바라본다. '○○해야 한다' '○○해서는 안 된다'라는 자신만의 기준이 있고, 여기서 벗어난 행동을 보면 마음이 불편해지거나 당혹감을 느낀다. 반대로 어떤 기준을 강요받았다고 해서 그 말이 맞다고 생각하지도 않는다. 모두 자신만의 '이유', 즉 '왜냐하면 ○○잖아'가 있기 때문이다.

예를 들면 시간을 지켜야 한다는 기준이 있다. 누군가는 당연히 회의에 늦지 않게 와야 한다고 생각한다. 그런데 지각하는 팀원도 있다. 그래서 "시간 맞춰 오세요"라고 화를 내도 팀원은 속으로 이렇게 생각한다. '앞에 회의가 길어졌는데, 어쩔 수 없잖아' '갑자기 전화가 왔는데 어떻게 해' '화장실이 너무 급했단 말이야.'

이 말은 변명과 다르다. 변명은 책임을 회피하려는 말이지만, 이 경우 팀원은 정말로 '어쩔 수 없었다'라고 믿는다.

"회식은 같이 가야지" "사양하겠습니다. 집에 가서 하고 싶은 일이 있어서요", "양식에 맞게 제출하세요" "사양하겠습니다. 그런 서류는 만들어도 쓸모없잖아요", "상사가 말하면 들으세요" "어, 아니요, 그게…… 저도 바쁜 몸이라 길게 듣고 있을 시간이 없습니다."

상대의 가치관과 포용성을 이해한다는 말은, 곧 나와 상대의 '당연한 기준'과 '이유'의 차이를 이해한다는 뜻이다. 앞서 설명했다시피, 단순히 가치관을 이해하는 행위로는 아무것도 보이지 않는다. 종종 가치관을 좋고 싫음의 문제라고 생각하는데, 무엇을 좋아하고 싫어하는지를 이해하는 일은 큰 의미가 없다. 정말로 이해해야 할 것은 이런 지점이다. '나는 상대에게 어떤 기준을 강요하고 있는가?' '상대의 기준은 무엇인가?' '상대가 그렇게 생각하는 이유는 무엇인가?' '내가 그렇게 생각하는 이유는 무엇인가?'

불안한 '느낌'을 없애는 방법

막연한 불만이나 불안감을 느끼는 팀원이 있다. 흔히 "뭔가 석연치 않다"라고 표현하는데, 이런 말로는 문제를 해결할 수 없다.

이 감정의 정체를 크게 두 가지로 나눠보자면, 분노(불만)와 불안이다.

어렴풋하게 분노가 느껴지는데 이유를 설명하지 못하거나, 자신의 분노가 정당한 감정이라고 말하지 못한다. 상대에게 전달하지 못하니 속에만 담아두면서 이것을 찝찝하다고 표현한다. 이 감정의 정체는 앞서 설명한 '당연함의 기준과 이유'에서 비롯한다. "상대가 이렇게 해야 하는데 그렇게 하지 않았다" "이건 ○○ 씨가 책임질 일인데 내 탓이 되어버렸다" "내 잘못처럼 말하는데 인정할 수 없다. 왜냐하면 ××이기 때문이다" "이건 ××이므로 ○○ 씨의 업무다."

이처럼 상대가 자신의 기준에서 벗어난 행동을 했을 때, 그런데 그 이유를 받아들이기 힘들 때 분노를 느낀다.

팀원이 느끼는 석연치 않은 분노의 정체는 그가 가진 기준과 그 이유를 알면 명확해진다.

또 다른 한 가지는, 감정의 정체가 불안인 경우다. 분노가 아닌 석연치 않은 느낌이 드는 이유는 불안하기 때문이다. 불안을 느끼는 팀원에게 "자, 다 같이 마시러 갈까요!"라는 말은 의미가 없다. 회식에 간다고 불안이 사라지지 않기 때문이다. 불안한 감정의 정체를 알아내야 할 필요가 있다.

이유를 알아야 해답이 보인다

내 이전 책에서도 설명했지만, 불안이란 '이대로 가면 이렇게 될지도 모른다는 망상'을 일컫는다. 예를 들면 많은 사람이 노후를 불안해하는 이유는 '계속 이 상태로 가면 나는 이렇게 될지도 모른다'라는 망상 때문이다.

예시로 이런 상황을 보자. 영업 실적이 부족한 팀원에게 "신규 고객사에 연락해서 미팅 약속을 잡으세요"라고 지시해도 팀원은 행동하지 않는다. 떨떠름한 표정만 지을 뿐이다. 리더는 이해할 수 없다. 본인도 자신의 영업 실적이 부족하다는 사실을 알고 있을 테니 신규 고객사를 확보하라는 지시에는 동의할 텐데 왜 행동하지 않는 걸까? 일할 생각이 없는 걸까? 물론 그럴 수도 있다.

하지만 전부 그런 것은 아니다. 단지 불안해서일 수도 있다. 전화를 걸어서 미팅 약속을 잡아야 한다고 생각하면서도 거절당할까 봐 두려운 것이다. 변명처럼 들릴 수 있다는 것을 알면서도 말이다.

이때 리더가 "내가 하는 말 이해가 안 돼요? 다시 설명할까요?"라고 압박한들 무슨 소용인가? 팀원이 움직이지 않는 이유는 불안 때문인데 말이다. 번지점프대에서 공포에 질려 뛰어내리지 못하는

말하기 어려운 것을 말할 수 있게 한다

- 나와 상대에게 어떤 '해야 하는 기준'과 '이유'가 있는지 알아낸다.
- "이대로 하면 어떻게 될 것 같아요?"라고 묻는다.

사람과 같다. 뛰어내려야 이 상황이 끝난다는 사실을 알지만 두려움에 몸이 굳는다. 그런 사람에게 "그냥 뛰어내리면 되잖아? 그걸 왜 몰라?"라고 말하는 셈이다.

따라서 이때 리더는 불안(공포)을 느끼는 이유를 물어야 한다. 즉 **팀원이 '이대로라면 어떻게 될 것 같다고 느끼는지', 즉 불안을 느끼는 이유를 묻는다. 그리고 이 불안과 공포를 없앨 방법을 함께 고민한다.**

'질문'의 언어화

팀원의 생각을 언어화한다

극단적인 예시를 제시한다

> 이런 일은 할 가치가 없다고 생각해요?

분해해서 예시를 제시한다

> 새 프로젝트가 경쟁 업체를 이길 것 같아요?

미래의 상황을 예시로 제시한다

> 이대로 하면 미래에 어떤 일이 일어날 것 같아요?

말하기 어려운 것을 말할 수 있게 한다

- 나와 상대의 '기준'을 확인한다.
- 나와 상대의 '이유'를 확인한다.
- "이대로 있으면 어떻게 될 것 같아요?" 라고 묻는다.

6장

'알고 있다'는 착각을 좁힌다
: '전달'의 언어화

6장 핵심

이해하기 쉽게 전달한다

상대의 '알고 있다'는 착각을 바꾼다

'이해하기 쉽다'는 건 무슨 뜻일까?

언어화를 하면 머릿속 생각과 지시사항이 명확해진다. 마지막으로 언어화한 내용을 이해하기 쉽게 전달하는 방법을 설명하겠다. 팀원에게 업무를 알려주거나 맡길 때의 일반적인 순서는 다음과 같다.

- 우선 5W1H로 자세하게 설명한다.
- 불안을 느끼는 부분과 명확하지 않은 점을 확인한다.
- 팀원에게 '해야 하는 일'을 상기시킨다.

위와 같이 이야기하면, 단순히 "이거 하세요"라고 말할 때보다 일을 훨씬 잘 이해한다. 그러나 이 단계를 밟는다고 팀원이 업무 내용을 완전히 이해하는 것은 아니다. 대개 '해야 하는 일'을 표현하는 방식이 모호하기 때문이다.

예를 들어서 업무 내용을 5W1H로 분해한 뒤 '오늘/고객에게/전화로/신제품 도입을/강력하게/제안한다'라고 표현했다고 해보자. 충분히 세부적으로 분해해서 설명했고, 팀원도 무엇을 해야 하는지 분명하게 이해할 것 같지만, 이는 단순한 착각에 불과하다.

- 오늘 → 명확하다.
- 고객에게 → 다르게 해석될 여지는 있지만 크게 벗어나지 않는다.
- 전화로 → 명확하다.
- 신제품 도입을 → 명확하다.
- 강하게 → 어떤 상태를 가리키는지 명확하지 않다.
- 제안한다 → 어떤 행동이 제안인지 명확하지 않다.

이런 방식으로 설명하면 무엇을 해야 하는지 전달되지 않고, 알려주었다고도 할 수 없다. 언어화는 곧 '명확화'다. 언어로 표현했어도 그 뜻이 명확하지 않으면 언어화가 아니다. 그렇다면 어떻게 해야 이해하기 쉽게 전달했다고 할 수 있을까?

파악, 수긍, 그리고 재현

아무리 명확해도 상대에게 '전달'되지 않으면 의미가 없다. 명확하다고 모든 사람이 이해하는 것도 아니다. 전문적인 내용은 명확하게 설명해도 비전공자라면 대부분 의미를 이해하지 못한다. 따라서 여기부터는 명확하게 '전달'하는 언어화를 살펴보려 한다.

잘 전달하려면 이해하기 쉽게 설명해야 한다고 생각하는 사람이 많을 것이다. 그런데 이 '이해하기 쉽다'가 정확히 무슨 뜻일까? 나는 중학생 때부터 언어화에 관해, 더 나아가 이해하기 쉽다는 것의 의미에 관해 연구했다.

30년 넘게 고민한 끝에 '이해하기 쉽다'는 **'파악할 수 있고, 수긍할 수 있고, 재현할 수 있는 것'**이라는 정의에 도달했다.

파악 | 이해하려면 우선 상대가 하는 말을 같은 언어로 **'파악'할 수 있어야 한다.** 언어화(명확화)된 내용이라면 쉽게 파악할 수 있다. 반대로 언어화되어 있지 않으면 상대의 의도를 파악할 수 없다. 지금까지 나온 언어화 기법을 익히면 상대가 내용을 더 잘 파악한다.

수긍 | 그다음으로 이해하려면 **'수긍'을 해야 한다.** 아무리 명확한 표현이어도 왜 그런지, 왜 필요한지 수긍할 수 없다면 "어라? 무슨 뜻이

지?"라는 반응이 나올 수밖에 없다. 예를 들어 "일을 잘하는 사람은 모두 도쿄 사람이다"라는 말에 전혀 수긍할 수 없어서 "네? 그게 무슨 뜻이죠?"라고 되묻는다. 말로 명확하게 표현되었지만, 수긍이 되지 않으니 결국 '이해하지 못하는' 상태가 된다.

재현할 수 있어야 한다 | 마지막은 '**재현할 수 있어야 한다**'이다. 전달받은 내용이 필요한 순간이 왔을 때 '아, 그런 의미였구나!' 하고 스스로 재현할 수 있어야 비로소 '이해했다'고 할 수 있다. 아무리 그 자리에서 파악하고 수긍해도 나중에 헷갈리거나 잊어버리면 소용없다.

이 세 가지를 모두 충족하면 당신의 이야기는 훨씬 이해하기 쉬워진다. 애써 머릿속 생각을 언어로 명확하게 표현했는데 너무 어렵거나 익숙지 않은 개념이어서, 혹은 너무 복잡해서 상대가 혼란스러워한다면 제대로 전달되지 않는다.

명확하게 언어화하면 상대가 내용을 정확하게 파악한다. 이어서 수긍하고 재현할 수 있는 효과적인 방법이 무엇인지 살펴보자.

'감정'을 건드리면 수긍한다

자, 이제 명확하게 전달하는 언어화의 두 번째 단계 '수긍하다'를 설명할 차례다. 명확하게 언어로 표현된 말도 수긍할 수 없다면 반신반의하며 받아들인다.

하고 싶은 말을 일방적으로 전달하는 것은 소통이 아니다. 소통은 상대방이 받아들여야 '성립'된다. 예를 들면 전문가가 난해한 말을 나열해놓고 "설명했다"라고 주장해도, 상대가 이해하지 못했다면 설명했다고 말할 수 없다. 또 다른 상황으로 정치나 기업 스캔들이 일어나면 당사자가 기자회견에 나와서 여러 이야기를 하는데, 이때도 듣는 사람이 수긍하지 못하면 설명이 아니다.

끝끝내 이해하지 못하고 자리가 끝나면 "설명이 부족했다"라는 비판을 받는다. 이런 상황을 피하려면 설명하는 시간을 충분히 확보

해야 한다는 생각이 만연하다.

다만 "설명 시간이 짧다 = 설명이 부족하다"라는 공식은 성립하지 않는다. 설명이 부족하다는 말은, 듣는 사람이 이해하지 못하고 수긍하지 못했는데 설명이 끝났다는 뜻이다. 시간을 들인다고 해결될 문제가 아니다.

그렇다면 어떻게 해야 수긍하는 느낌을 줄 수 있을까? 일반적으로는 데이터나 사실, 증거를 제시한다. 많은 경우 데이터를 보여주면 수긍한다. 반대로 아무리 데이터를 보여주어도 실제 경험과 어긋날 때도 있다.

예를 들면 자동차 자율주행을 떠올려 보자. 자율주행은 이미 실용화되어 있고, 운전자 없는 무인 택시도 있다. 인식은 점점 확산하고 있지만 걱정하는 사람도 아직 많은 상황이다. 컴퓨터가 갑자기 멈추면 어떻게 하지? 잘못된 판단이면 어떻게 하지? 폭주하면 어떻게 하지? 걱정이 꼬리에 꼬리를 문다. 자율주행의 안전성을 증명할 여러 데이터를 보여주어도 효과가 없다. 통계와 실제 수치를 아무리 제시해도 찝찝함이 사라지지 않는다.

논리보다는
'알고 있다는 느낌'으로

내가 한 텔레비전 방송에 해설자로 출연했을 때, 한 전문가가 자율주행의 안전성을 주장하며 데이터를 소개했다. 동시에 반대하는 쪽에서 자율주행의 위험성과 불안감을 부추기는 영상을 틀었다. 스튜디오에 있던 출연자들을 비롯해 "자율주행은 위험하다"라는 논조가 강해지자 조금은 차분해질 필요가 있다고 느꼈다. 사람들이 다른 관점에서 이 상황을 보면 좋겠다 싶어서 설득력이 느껴지게 설명했다.

이때 했던 이야기는 "컴퓨터도 실수할 가능성이 있고, 인간 역시 실수합니다. 제가 컴퓨터보다 실수하지 않으리란 자신이 없네요"였다. 이 말을 하고 나서 현장 분위기가 크게 바뀐 것을 정말로 실감했다.

바로 이것이 핵심이다. 상대에게 내 말을 납득시키기 위해 정당성을 주장해서는 효과가 없다. 감각적으로 받아들이게 해야 한다. 이것이 바로 **'알고 있다는 느낌'**이다.

자신이 실제로 느끼는 바와 어긋나 있으면 아무리 데이터를 보아도 "왠지 의외네요……"라고 반응하거나, "그래도 그런 생각이 들지 않아요. 이해가 안 돼요"라고 할 뿐이다. 자신이 경험해보지 않은 분야의 데이터는 가볍게 받아들인다.

상대가 수긍하려면 데이터나 정당성보다 '상대가 아는 비슷한 상황'을 제시하는 편이 더 효과적이다. 사람은 자신이 아는 것만 받아들인다. 알고 있으면 '아, 그것과 똑같네'라고 연상한다.

즉 상대가 깊게 이해하길 바란다면 데이터를 제시하거나 정당성을 증명하기보다 상대가 이미 아는 사례와 연결하여, "이것을 보시죠. 그것과 같습니다"라고 전달한다.

사실 이 방법은 논리적이지 않다. 잘못된 주장이나 거짓 사례여도 상대에게 "이것 봐요, 이런 경우도 있잖아요?"라고 말할 수 있다. 따라서 올바른 근거가 뒷받침되어야 한다. 하지만 옳기 때문에 상대가 이해하고 받아들일 것이라는 생각은 착각에 불과하다는 사실을 리더는 알고 있어야 한다. 상대가 진심으로 수긍하게 만들려면 상대가 알고 있는 것을 예시로 들어 "그것과 같습니다"라고 말하는 것이 중요하다.

결론이 아니라 '숫자'부터 전달한다

잘 전달되는 언어화의 세 번째 단계 '재현할 수 있다'를 살펴보자. 많은 리더가 자신의 머릿속을 이해하기 쉽게 전달하려고 노력한다. 말하는 방식과 전달하는 방식도 다양하게 활용한다. 하지만 생각처럼 잘되지 않는다. 오히려 장황해져서 더 이해하기 어려워진다. 비즈니스 현장에서 반드시 전달해야 할 내용은 그리 많지 않다. 비즈니스의 목적은 '고객에게 가치를 제공하고 이익을 창출하는 것'이다. 극단적으로 말하면 상대와 친하게 지낼 필요가 없다. 이렇게 생각하면 전달해야 할 것은 오직 하나, '결론'이다.

비즈니스 소통이 이해하기 어려운 이유는 '무슨 말을 하는지 모르기 때문'이다. 너무 공들여서 말하다 보니 서론이 길어진다. 생각이 정리되기도 전에 말부터 나와 방향성을 잃는다. 이러면 전달해야 할 내용이 명확해도 제대로 전달되지 않는다.

그래서 많은 사람이 "결론부터 말하자"를 의식하고, 실제로 지시받는 경우도 많다. 하지만 결론부터 말하면 무슨 말인지 이해하기 어렵다. 저녁 뉴스처럼 딱딱한 어조가 되어 어색해진다. 영업 미팅에서 첫마디가 "이번 달에 새로운 기능이 추가되었습니다" "이용자 만족도가 96퍼센트 이상입니다"이면 뉴스 헤드라인과 다를 바 없다. 매번 이런 식이면 상당히 부자연스럽지 않겠는가?

게다가 영업 미팅이든 회의 시간이든 어떤 자리에서 말하고 싶은 결론이 하나인 경우는 드물다. 보통은 여러 가지를 전달하고 싶어 한다. 준비한 결론이 여러 개 있는데 결론부터 말하려다 보면 다음과 같이 말이 길어진다.

"결론부터 말하면 ○○입니다. 이 말의 뜻은 (중략)입니다. ××도 중요하므로 꼭 유념해주세요. 왜냐하면 (중략)이기 때문입니다. 또 ▲▲은 꼭 알아두셔야 합니다. 이것은 (중략)이라는 내용입니다. 더욱이……"

나열된 정보 하나하나만 보면 내용이 명확하다. 파악과 수긍이 가능하다. 그런데 전체적으로 이야기가 중구난방이라 시간이 지나면 결국 잘 떠오르지 않는다.

그 자리에서는 잘 이해했어도 기억에 남지 않는다면 의미가 없다. 즉 제대로 전달하지 못했다. 물론 인간의 기억력은 완벽하지 않아서 어떤 방식으로든 100퍼센트 기억하지 못한다. 그러나 쉽게 기억나게 만드는 방법이 있다. 과연 무엇일까?

듣는 사람의 기억에
오래 남으려면

가장 효과적인 방법은 '**숫자부터 전달하는 것**'이다.

    결론으로 시작하면 각 부분 부분은 명확하게 전달되지만, 이야기가 하나로 정리되지 않고 전체적으로 무엇을 전달받았는지 잘 기억나지 않는다. 이야기의 전체 그림을 정리하고 기억에 남게 하려면 결론부터 얘기하기보다 자신이 전달하려는 내용을 '**숫자**'로 말해야 한다.

    앞선 예시로 보면, "결론부터 말하면……"이 아니라, "오늘 말하려는 결론은 총 네 개입니다. 첫째는 ○○, 둘째는 ××, 셋째는 ▲▲, 그리고 넷째는 ……입니다. 순서대로 설명하겠습니다"라고 미리 언급한다. 이렇게 하면 상대는 '오늘은 네 개만 기억하면 되겠구나'라고 미리 생각할 수 있고, 그에 따라 정리가 수월해진다. 시간이 지나도 "네 개가 있었어. 첫째는 ○○이고……"라고 금방 떠올린다. 결과적으로 더 잘 기억해낸다.

이해하기 쉽게 전달한다

- 파악할 수 있다.
- 수긍할 수 있다.
- 재현할 수 있다.

이해하기 쉽게 전달할 때 중요한 것은 '결론부터 말한다'보다 '전달할 내용을 숫자로 먼저 설명한다'이다. 영업 미팅이라면 "오늘은 세 가지 제안이 있습니다" "저희 제품에 대해 말씀드릴 사안은 두 가지입니다" 등 숫자를 먼저 이야기하는 것만으로도 이야기가 확실히 정리된다.

설명 못 하는 팀원도
일목요연하게 보고하는 기술

리더는 매일 눈코 뜰 새 없이 바쁘다. 시간이 없어서 정보도 간략하게 보고받길 원하는 사람도 있다. 팀원들 가운데는 설명을 잘하는 사람도 있고 못하는 사람도 있다. 설명을 잘 못하는 팀원의 두서없는 보고를 듣다 보면, 무엇을 말하려는지 파악되지 않을 때가 있다. 리더의 인내심이 필요한 상황이다.

다른 사람의 이야기를 끝까지 경청하는 태도가 중요하더라도 계속해서 가만히 듣고 있으면 생산성이 떨어진다. 게다가 정신적 피로도가 높아져서 듣는 시간이 굉장히 괴로워진다.

팀원이 일부러 알아듣기 어렵게 전달할 리는 없다. 다만 제대로 전달하는 방법을 모를 뿐이다. 따라서 리더는 적절한 질문을 던져서 팀원이 스스로 머릿속을 정리하고 이야기하도록 이끌어야 한다. 앞에서도 짚고 넘어갔듯이 이해하기 쉽게 설명하려면 다음 세 가지가 필요하다.

- 파악할 수 있다.
- 수긍할 수 있다.
- 재현할 수 있다(기억할 수 있다).

거꾸로 말하면, 이 세 가지가 부족하면 설명이 이해되지 않는다. 리더는 팀원의 말에서 부족한 부분을 판단한 뒤 발전시켜야 한다.

부족한 부분을 보충하는 질문

팀원의 설명을 이해하기 어려운 가장 큰 이유는 '파악할 수 없기' 때문이다. 즉 팀원이 지금 무엇을 말하려는지, 무엇을 제시하려는지 알 수 없다. 이 부분은 지금까지 설명한 언어화 기법과 질문을 활용하면 명확해진다.

다음으로 많은 이유는 '재현할 수 없기' 때문이다. 즉 이야기가 뒤죽박죽이라 전체 그림이 파악되지 않고 다 듣고 나면 머릿속이 복잡해진다(재현이 어렵다). 이를 해결하려면 '숫자부터 말하는' 방법을 활용해야 한다. 팀원에게 "**요점이 파악되지 않네요. 이번 보고에서 중요하다고 생각하는 사안은 몇 개입니까?**"라고 묻는다. 숫자부터 들으면 머릿속에서 내용이 정리되기에 일목요연하게 들을 수 있다.

다만 "핵심 사안이 몇 개입니까?"라고 숫자를 물었을 때, 팀원이 바로 대답하지 못할 수도 있다. 그럴 때는 "**중요한 핵심 사안이 몇 개인지 정리해서 다시 보고하세요**"라고 말하면 된다.

이 기법을 모르면 핵심을 벗어난 장황한 이야기를 계속 듣고 있거나, "다시 정리해서 설명하세요" 하고 내보낼 수밖에 없다.

팀원의 설명이 수긍되지 않을 때는 데이터나 근거를 제시하는 방법 외에 "비슷한 경우의 사례를 말해주세요"라고 말해보자. 만약 팀원의 고정관념이 너무 강해서 동의할 수 없는 경우에는 5장에서 설명한 '적용되지 않는 경우'를 질문한다.

'좋은 의도'에서 나온 해석의 차이를 좁혀라

팀원에게 어떤 내용을 전달했다고 해보자. 듣고 바로 이해한 것처럼 보이고, 요점을 물으면 리더가 생각한 대로 대답한다. 제대로 전달한 것 같아서 자리에서 일어났는데, 나중에 확인해보니 엉뚱한 일을 하고 있다. 즉 팀원이 '지시를 이해했다고 착각'한 것이다. 많이들 경험해봤을 것이다.

팀원으로서는 거짓말할 이유도 없고 일부러 엉뚱한 일을 할 이유도 없다. 문제의 원인은 리더와 팀원이 같은 말을 다르게 이해한 데 있다.

같은 언어로 대화했지만 다른 결과가 나오는 이유는 이해력이나 능력이 아닌 '어떤 요소'가 작용했기 때문이다. 바로 이 요소가 이해력이나 실력보다 결과에 더 큰 영향을 미친다. 최선을 다해서 전달해도 상대가 자신의 의도대로 행동하지 않는다면 그 또한 이 요소 때문이다.

언어와 행동 사이의 행간

그 요소란 바로 '**행간**'이다.

학교에서 무언가를 배울 때도, 책을 읽고 습득할 때도, 모든 정보에는 '행간'이 있다. 즉 모든 정보가 한자리에 언어화되어 있지 않고, '말해지지 않은 부분'이 반드시 존재한다. 어떤 이론은 여러 전제 조건을 기반으로 하는데, 그 전제를 100퍼센트 언어화하여 설명해주는 경우는 거의 없다.

말해지지 않은 부분을 우리는 자신의 경험으로 메꿔가며 이해한다. 바로 이때 오해와 틀린 해석이 발생한다.

업무를 지시받을 때도 언어로 표현되지 않은 부분은 자신의 해석대로, 반쯤 자기 멋대로 행간을 읽는다. 여기서 문제가 발생한다. 행간을 다르게 해석하면 실제 행동도 달라진다.

우리는 다양한 곳에서 스스로 생각해야 한다. 지시가 명확하지 않다고 해서 "그런 말은 듣지 못해서 하지 않았습니다"라고 하면 사회인으로서 실격이다. 우리는 적극적으로 행간을 읽고 스스로 생각해서 행동하도록 동기부여를 받았다. 즉 팀원이 행간을 잘못 읽었다고 해도 그것은 '좋은 의도에서 나온 행동'이다.

팀원의 '좋은 의도에서 나온 행동'은 과거 경험에서는 옳은 일이었다. '그때는 이렇게 해야 했다. 그러니까 이번에도 그때처럼 행동하자'라고 학습한 결과물이기도 하다. 그래서 자기가 잘못하고 있어도 알아차리지 못한다.

동시에 이 부분은 말로 드러나지 않은 '행간'으로, 서로가 명확한 말로 확인하지 않은 경우가 많다.

이를테면 팀원이 고객에게 설명해야 할 내용을 전부 전달하지 못했다고 해보자. 팀원 역시 지금이라도 당장 설명해야 한다고 생각한다. 하지만 여기에는 행간이 있다. 두 사람의 생각이 다음과 같다고 해보자.

리더의 생각 : (직접 가서) 자료를 보여주면서 설명한다.
팀원의 생각 : (우선 빨리 전달해야 하니) 자료를 첨부해서 메일로 보낸다.

불행히도 고객이 메일을 보지 못했고 이후 문제가 발생했다. 나중에 이 사실을 알고 난 후, 전화로라도 메일을 보냈다고 알렸어야 한다고 후회할지도 모른다. 하지만 팀원이 그 행동을 선택한 이유는 '좋은 의도'에서였다.

스스로 노력이 부족했던 부분을 깨닫거나, 일하는 방식이 마음에 들지 않을 때는 자기 자신을 돌아볼 수 있다. 일이 꼬였다는 생각이 들면 다시 검토하면서 진행하고, 이상한 점이 있으면 즉시 수정한다.

반면 '좋은 의도에서 한 행동'은 좋은 결과로 이어진다고 믿기에 실수를 깨닫지 못한다. 이미 마음속에 좋은 의도라는 믿음이 있으니 자신의 행동이 당연하다고 생각한다. 그래서 자신이 잘하고 있는지 아닌지 잘 물어보지 않기에 리더도 상황을 알아차리지 못한다. 그래서 행동 궤도를 수정하기가 어려워진다.

그렇다면 어떻게 서로 다른 해석의 차이를 좁힐 수 있을까?

무의식적인 선택을 바로잡는다

문득 지난날의 행동과 판단을 돌이켜 보니, 나 역시 신중하게 생각하지 않고 선택한 적이 많았다. 인간은 하루에 3만 5,000번 선택을 한다고 한다. 선택의 연속이다. 모든 것을 신중하게 생각하고 선택하기는 어렵다.

무의식중에 하는 선택이 전체의 95~97퍼센트 정도라고 한다. 대부분의 선택이 무의식적으로 이루어진다. '무의식'이란 무엇을 선택했는지 기억하지 못한다는 뜻이 아니다. 주사위를 굴려서 운에 맡긴다는 뜻도 아니다. 더 신중하게 고민하지 않고서 선택했다는 뜻이다. 사람의 마음속에는 이미 '이런 상황에서는 이렇게 하는 것이 좋다'라는 인식이 깔려 있다. 예를 들면 다음과 같다.

- 스타벅스에서는 큰 사이즈의 커피를 사는 것이 좋다.
- 어떤 공부를 시작할 때 책부터 읽는 것이 좋다.
- 지방으로 이사하면 자가용부터 구매하는 것이 좋다.
- 집을 매매하지 않고 월세로 사는 것이 좋다.
- 아이가 태어나면 보험을 가입하는 것이 좋다.
- 중대한 결정을 내려야 할 때는 가족과 회의하는 것이 좋다.

선택의 중요도에는 차이가 있지만, 모두 '좋은 의도에서 나온 행동'이다. 각자 나름의 선택 이유가 분명 존재한다. '과거에 다른 선택을 했는데 실패했다' '친구의 조언이 있었다' '부모의 교육 방식이 그랬다' 등 여러 가지가 있다.

분명 선택에는 이유가 있다. 하지만 그 이유도 과거의 한 사례에 불과하다. 예를 들면 '친구가 집을 샀다가 실패했으니 나는 월세로 살겠다'라고 해도, 친구가 집을 샀다가 실패한 단 하나의 사례만 보고 결정했을 뿐이다. 집을 산 모든 사람이 실패하지는 않는다. 결국 하나의 사례에 따른 선입견이다.

일부러 언급해서
먼저 부정하기

일상의 선택 중 90퍼센트 이상이 신중하게 고민해서 내린 선택이 아닙니다. 신중하지 않아도 되는 선택도 있다. 반대로 정말로 신중해야 하는 때도 있다. 그러나 우리는 과거 경험에서 얻은 지식으로 '좋은 의도'를 판단해서 선택을 내린다.

모든 일을 신중하게 선택하기란 애초에 불가능하다는 의견도 있다. 나도 그렇게 생각한다. 어쨌든 복잡한 사회에서는 '좋은 의도'로 일상의 행동을 결정하는 행위를 피할 수 없다. 정리하자면 우리는 '좋은 의도'로 무의식적인 선택을 반복한다.

리더의 지시가 정확하고 명확해도 그 속에는 행간이 있다. 마찬가지로 팀원은 행간을 '좋은 의도'라고 생각되는 쪽으로 판단하고 해석한다.

팀원이 행간을 읽는 것은 문제가 아니다. 다만 좋은 의도에서 나온 행동이 리더의 생각과 어긋날 때 문제가 된다. 이때 리더는 **팀원의 생각을 미리 짐작하여 '그것이 아니다'라고 사전에 지적할 수 있어야 한다.**

앞선 예시로 보면, "고객이 정보를 빨리 받고 싶어 하면, 다음부터는 메일로 보내지 말고 직접 가서 설명하세요"라고 먼저 지시해야

상대의 '알고 있다'는 착각을 바꾼다

질문하기 전에 대답한다(수정한다).

한다. 그냥 두었다가 오해가 생길 만한 부분을 일부러 언급해서 부정하는 방법이다. 이렇게 하면 팀원의 행동을 수정할 수 있다.

"일하다가 모르겠으면 우선은 혼자 공부도 하고 조사도 해보세요"라고 하면 '공부 = 책을 읽다'라고 생각하는 사람은 곧장 책을 읽으려고 한다. 이것이 올바른 행위라면 문제가 없다. 하지만 최신 사례는 책이 아니라 인터넷으로 조사하는 편이 더 효과적이다. 인사팀의 과업 등 기업 과제를 공부할 때는 책이나 인터넷보다 선배에게 물어보는 방법이 효과적일 수 있다. 따라서 팀원이 잠자코 있어도 "책으로 공부하는 방법도 좋은데, 이런 경우에는 선배들의 이야기를 듣는 방법도 좋아요. 우선 관련 경험자를 찾아보세요"라며 팀원의 행동을 수정해야 한다.

좋은 의도라고 생각해서 행동했다면 팀원은 결코 질문하지 않는다. **리더에게는 팀원이 질문하지 않아도 대답하는(수정하는) 언어화가 필요하다.**

'전달'의 언어화

이해하기 쉽게 전달한다

파악할 수 있다
명확화한다.

수긍할 수 있다
상대가 이미 알고 있는 예시와 연결한다.

재현할 수 있다 / 기억할 수 있다
숫자부터 전달한다.

상대의 '알고 있다'는 착각을 바꾼다

**상대가 질문하기 전에
대답한다 / 수정한다**

나가며

시대가 바뀌면
리더의 역할도 달라야 한다

리어나도 디캐프리오와 와타나베 켄이 출연한 영화 《인셉션》(2010) 도입부에 이런 대사가 나온다.

"가장 강한 기생체는 무엇인가? 박테리아? 바이러스? 아니면 기생충? 아니다, 아이디어다. 아이디어는 강력하고 전염성 있다. 머릿속에 일단 자리 잡으면 없애기란 거의 불가능하다. 아이디어는 형태가 되고, 이해되며, 뇌에 깊이 박힌다."

여기서 말하는 '아이디어'는 단순히 '좋은 생각이 떠올랐다!'의 아이디어가 아니다. 신념이나 가정, 당위, 방침 또는 정체성 같은 '행동의 기반'을 의미한다.

예를 들면 우리는 '좋은 대학에 가는 것이 선'이라는 아이디어(방침)를 주입받으며 살아왔다. 그래서 여러 곳에서 학력을 중요시하고, 다들 좋은 대학에 들어가기 위해 필사적으로 노력한다. "회사를 나와서 사업하면 집안이 풍비박산 난다"라는 아이디어(가정)를 주입받아 온 사람은 매일 죽을 만큼 힘들어도 일을 놓지 못한다.

행동은 각자가 가진 '아이디어(사고방식)'에 의해 상당 부분 제한받는다. 아이디어를 바꾸지 않으면 행동은 바뀌지 않는다.

하지만 내게 어떤 사고방식이 있는지 알기 어렵다. 무인도에 홀로 있는 사람이 자기 외모를 판단할 수 없는 것과 같다. 설령 사고방식이 한 방향으로 기울어져 있어도 당사자는 알아차리지 못한다. 본인에게는 너무 당연한 일이기 때문이다. 애당초 자신이 당연하다고 생각하는 아이디어는 검토할 생각도 하지 않는다.

언어화도 마찬가지다. 우리 행동은 우리가 사용하는 언어로 상당 부분 방향성이 정해진다. 본문에서도 설명했듯이 '부가가치'를 '추가하는 가치'로 이해하는 사람은 신제품에 어떤 기능을 추가하려고 한다. 머릿속에 있는 말이 행동을 결정한다. 언어는 주변 사람들에게도 영향을 미친다. 조직 안에서 자주 사용되는 말은, 좋든 나쁘든 구성원에게 큰 영향을 미치며 그들의 행동을 결정한다.

우선은 자기 생각을 명확하게 언어화하고, 주변 사람들이 머릿속을 명확하게 언어화할 수 있게 도와야 한다. 이 두 가지만 실현해도, 조직의 문화는 혁신적인 변화를 맞이할 것이다. 언어화하지 않으면 안개 속에서 손짓만으로 소통하는 셈이다. 상대에게 전달되지도 않고, 상대를 이해할 수도 없다. 언어화 기법을 활용해서 안개를 걷어내보자.

나는 지금까지 수많은 조직에서 이 안개가 걷히는 모습을 보아왔다. 부디 당신의 조직에서도 명확하게 행동하고 전달하는 기쁨을 몸소 느껴보길 바란다.

모든 직장인이 자신이 제공할 수 있는 가치와 자신의 존재 가치를 언어로 느끼는 사회가 되기를 염원한다.

옮긴이 **명다인**

중앙대학교에서 무역학과 일본어문학을 전공했다. 무역회사에서 수출입과 통번역 업무를 담당하며, 책 번역의 꿈을 키웠다. 현재 번역 에이전시 엔터스코리아에서 출판기획 및 일본어 전문 번역가로 활동하고 있다.

역서로는 《또 다른 나를 마주할 결심》, 《말 잘하는 초등교사의 특급 비밀》, 《생각의 해상도를 높여라》, 《필사의 수컷, 도도한 암컷》, 《자본주의 사회에서 남성으로 산다는 것》, 《일 잘하는 사람이 반드시 쓰는 글 습관》, 《어린 시절의 부모를 이해하는가》, 《인상의 심리학》, 《내가 바퀴벌레를 오해했습니다》 《60세 사용설명서》, 《의사가 추천하는 혼자 힘으로 약해진 심장을 건강하게 만드는 방법》, 《트라우마 사회심리학》이 있다.

알아서 잘하라고 하지 않고 명확하게 일 맡기는 기술

초판 1쇄 발행 2025년 6월 20일

지은이 • 고구레 다이치
옮긴이 • 명다인

펴낸이 • 박선경
기획/편집 • 이유나, 지혜빈, 조예은, 민석홍
홍보/마케팅 • 박언경, 김경률
표지 디자인 • @paint_kk
제작 • 디자인원(031-941-0991)

펴낸곳 • 도서출판 갈매나무
출판등록 • 2006년 7월 27일 제395-2006-000092호
주소 • 경기도 고양시 일산동구 호수로 358-39 (백석동, 동문타워 I) 808호
전화 • 031)967-5596
팩스 • 031)967-5597
블로그 • blog.naver.com/kevinmanse
이메일 • kevinmanse@naver.com
페이스북 • www.facebook.com/galmaenamu
인스타그램 • www.instagram.com/galmaenamu.pub

ISBN 979-11-91842-88-3/03320
값 18,500원

• 잘못된 책은 구입하신 서점에서 바꾸어드립니다.
• 본서의 반품 기한은 2030년 6월 30일까지입니다.